目からうろこ！

本当の意味
いわれがわかる

冠婚葬祭のことば

ことば舎 編著

評論社

第3章　「葬」のことば

第2章「婚」のことば

目次

はじめに

日本には四季があり、その折々に古くから続いている行事や慣習があります。また、人の一生にも、その成長の節目ごとに、一般に通過儀礼と呼ばれる古くからの慣習があります。わたしたちが、それらを経験したり目にしたりする機会も多いものです。

しかし、これらの行事や慣習も、時代の移り変わりとともに、あるものは風化し、あるものは形骸化してゆく運命にあり、その起源やもとの形はしだいにわかりにくく、伝えることが困難になってきています。

わたしたちは、このあたりで一度立ち止まり、これらの行事や慣習のもつ意味や意義を正しく知り、伝えてゆくことがたいせつなのではないでしょうか。

この本は、そのような、わたしたちの日常にあり、失われつつあるものの本当の意味やいわれを少しでも伝えられればと、わかりやすいイラストを配し、温故知新の思いをもって著したものです。この中のひとつでも、読者の皆さんの感興を誘うものがあれば幸いです。

ことば舎

第4章 「祭」のことば

付録

第1章

「冠」のことば

「岩田帯《いわたおび》」安産を願っておなかに巻く

意味

戊《いぬ》の日におなかに巻いて安産を願う帯。


妊娠して五か月目の戌の日に初めてするお祝いが「帯祝い」です。

これは、江戸時代からの儀式で、妊婦が神社に参拝し腹部に白布の帯を巻き、安産を願うもので、このとき巻く腹帯を「岩田帯」といいます。

「岩田帯」は、「斎肌帯《いはだおび》」から転じたといわれます。「斎肌帯」の「斎」は妊婦が日常生活で慎まなければならない行動や食べ物などの「忌《い》」を意味しています。また、「岩のようにたくましく、元気な子どもが生まれますように」との願いから「岩田帯」とつけられたという説もあります。

なぜ「帯祝い」を戌の日に行うかというと、犬のお産がとても軽く多産であることからきています。

「帯祝い」は、赤ちゃんを授かったことを祝い、安産祈願をするとともに、妊婦のおなかを

これで
おなかも安定するし、
赤ちゃんも守られるから
安心ね

固定し、冷やさないようにする効果もありました。昔の習慣が今に残るのは、実際的な効用があるからです。また、この習慣は日本独特のものです。

正式には、妻の実家から紅白の絹二筋と白木綿一筋を重ねた帯が贈られます。

現在は、この「帯祝い」も簡略化され、参拝も「戌の日」にこだわらず、妊婦の体調のよい日を選んで行われます。また、帯も着脱しやすい腹帯が利用されています。

いわれ　昔、神功《じんぐう》皇后が朝鮮出征の折、身ごもっていたため石を帯の中に巻き付けて行き、帰国後安産で後の応神《おうじん》天皇を産んだ（『古事記』）ことが、腹帯と安産が結びついた始まりともいわれます。

「産湯《うぶゆ》」生まれたらすぐつかうのがいいの？

意味

赤ちゃんが生まれてから初めて入浴させること。また、その湯。

長い間日本では、赤ちゃんが生まれたらすぐに湯をつかわせる習慣がありました。それは、新生児を湯に入れて身体を清め、その後のすこやかで丈夫な発育を祈るという儀式でもありました。

産湯をつかわせた後は、赤ちゃんをひもや袖のない「おくるみ」にくるみ、生後三日目には「三つ目《みつめ》のぼた餅《もち》」でお祝いをして、袖のある「産着」を着せます。

しかし最近は、医学的な面から、生まれてすぐに「産湯」をつかわせるのはどうかという意見もあり、実際にすぐには産湯をつかわないという産院もあるようです。それは、生まれたときに赤ちゃんの身体に付着している「胎脂」という物質が、赤ちゃんの身体を外気から守るバリアーの働きをしているということがわかってきたからのようです。また、誕生直後の沐浴《もくよく》は、新生児の体力にもかなりの負担を強いることになるということです。

いわれ　「産湯」とは、もともとは、産《うぶ》土神《すながみ》が守っているその土地の水のことで、身を清め、強い生命力を願ってつかうものでした。またそうすることで産子《うぶこ》（氏子）の仲間入りをする儀式でした。

昔は、当然井戸から水を汲《く》んでお湯を沸かし、それを産湯にしたので、各地にいろいろな人の「産湯の井戸」といわれる史跡が残っています。

たとえば、静岡県伊豆の国市には「北条政子産湯の井戸」、岩手県花巻市には「宮沢賢治産湯の井戸」があります。また、奈良市には藤原鎌足《かまたり》「鎌足産湯の井戸」、愛知県岡崎市には徳川家康「東照公産湯の井戸」などがあります。

「お七夜《しちや》」
生まれて七日目に名前を披露する

意味

赤ちゃんが生まれて七日目に、名前をつけてお祝いをすること。

赤ちゃん誕生後の最初のお祝いの行事で、昔は生まれて間もなく亡くなる赤ちゃんも多かったため、これまでの無事を喜び、これからの成長を願うたいせつな節目です。
また、この日に名付け親（家族や親類の年長者）が命名書を飾り、赤ちゃんの名前をお披《ひ》露目《ろめ》します。命名書は神棚やベビーベッドなどに貼ります。
現在では、母子の退院の時期と重なるため、退院祝いと兼ねて行ったり、特別なお祝いをしないことも多くなっています。

いわれ

平安時代ころには、新生児の死亡率が高かったため、生後の三夜、五夜、七夜、九夜と無事を確かめて健康を願うならわしがあったそうです。それが江戸時代になって「お七夜」を特別に祝うようになりました。

関連

「命名」について　現在戸籍上の名前に用いることができる漢字は、「常用漢字二一三六字（一九八一年内閣告示二〇一〇年改定）」と「人名用漢字八六三字」の合計二九九九字に限られます。

なお、名前の読みについては制限がなく、どの漢字にどのような読みをあててもかまいません。

最近は格好のいい漢字と格好のいい読みだけを組み合わせたような名前もはやっているようですが、その子が一生その名前とともに生きていくということを考えて、名前で苦労することのない、また、幸せに生きてほしいという親の願いを子どもが感じられる名前をつけてあげたいものです。

「お宮参《みやまい》り」 産土神《うぶすながみ》に参拝する

赤ちゃんが、初めてその土地の氏神様（産土神）に詣でて、無事に生まれたことを報告し、その土地の一員である氏子として認めてもらう儀式。初宮参り。

意味

赤ちゃんが生まれて一か月くらいを目安に行います。本来は、その土地の氏神様への報告とすこやかな成長を願う儀式ですが、最近では、その土地に限らず有名な神社に行って、健康と成長を祈願してもらうことも多くなりました。

いずれにしても、神殿でお祓《はら》いを受け、祝詞《のりと》をあげてもらいます。

赤ちゃんは、父方の祖母が抱くのが一般的です。昔は、母親はまだお産の物忌みが明けていないとされ、その忌み明けをも祝ったのですが、これらには母親のからだを気づかう意味もあったようです。

いわれ

昔は「産土参り」ともいいました。「産土神」に参るということです。「産土神」とは、その人が生まれた土地の守護神のことです。今は同じように土地の神の意味で「氏神」

も使われますが、「氏神」のもとの意味は、「氏」の祖先としてまつる神、また氏族に特に関係の深い神のことでした。その例としては藤原氏の春日神社などがあります。

中世以降は、「氏神」もその土地の守護神として、「産土神」と混同されて使われています。「氏神」の「氏」は、氏族を表しますが、「産土神」の「産」は、文字どおり「生まれる」「生む」という意味を表します。

「産（うぶ）」の読みをもつ熟語には以下のようなものがあります。

産着・産衣（うぶぎ）
産毛（うぶげ）
産声（うぶごえ）
産屋（うぶや）
産湯（うぶゆ）

「お食《く》い初《ぞ》め」

一生食べ物に困らないよう願う

意味

丈夫な歯であることと一生食べ物に困らないことを願って、赤ちゃんに初めてお乳以外の食べ物を食べさせる（まねをする）儀式。

古く平安時代から続く行事ですが、時代や地域によって呼び方もやり方も違うようです。一般的には、生後百日から百二十日の、乳歯が生えてきたころに行います。「祝い膳」として、男の子には朱塗りの膳、女の子には内側だけ朱の黒塗りの膳を用意します。料理は、赤飯・尾頭付きの焼き魚（鯛《たい》など）・香のもの・お汁などが基本ですが、丈夫な歯になることを願う「歯固めの石」や、しわがたくさんできるまで長生きできるようにと「梅干し」を添えたりします。親族内で長寿の人が、料理を一つ一つ箸《はし》でつまみ、赤ちゃんの口元にもっていき、食べさせるまねをします。

いわれ　平安時代の物語である『うつほ物語』には「五十日（いか）の祝い」として出てきます。また「源氏物語絵巻」＜柏木《かしわぎ》＞にも、光源氏が薫《かおる》を抱く「五十日の祝い」の場

面があります。このときは祝いの餅を口に含ませたようです。また、初めて魚の肉を食べさせる「真魚（まな）の祝い・真魚始め」という儀式があり、これが「お食い初め」のおこりともいわれます。これは、平安時代は生後二十か月、室町時代には百一日目、江戸時代には百二十日目に行われたようです。

ほかにも、いろいろな呼び方がありました。

生後百日に行うことから「百日の祝い」、初めて箸を使うことから「箸揃《ぞろ》え」「箸祝い」、歯の健康を願う「歯固め」などです。

また、「お食い初め」の日には、それまで白い産着だったのを、色の衣服を着るようになる「お色直し」の意味もありました。

「初節句《はつぜっく》」男の子と女の子で違う

意味

生まれて初めて迎える節句。また、その祝い。女の子は桃の節句（三月三日）、男の子は端午《たんご》の節句（五月五日）です。三月三日のお祝いは、雛《ひな》祭りともいいます。

「節句」とは、季節の節目に健康・豊作などを願い、供え物をして邪気を払う行事です。赤ちゃんが生まれて一か月～三か月以内に初めての節句を迎える場合には、翌年に初節句のお祝いを行うのが一般的です。

桃の節句には、雛人形や桃の花を飾り、菱餅《ひしもち》やひなあられを供えて祝います。また、端午の節句には、武者人形やよろいかぶとを飾り、ちまきや柏餅《かしわもち》を供え、鯉《こい》のぼりを立てて祝います。

いわれ　節句の行事は、中国から伝わって平安時代に始まったといわれています。江戸時代には、人日《じんじつ》（一月七日）・上巳《じょうし》（三月三日）・端午《たんご》（五月五日）・七夕《たなばた》（七月七日）・

重陽《ちょうよう》（九月九日）の五節句が式日と定められました。このうち上巳の節句と端午の節句が、それぞれ女の子と男の子の無事で健康な成長を願って祝う行事になりました。

なお、「上巳」は、月の最初の巳《み》の日、「端午」は月の最初の午《うま》の日のことですが、三月三日と五月五日を表すようになりました。

古代中国には、菖蒲《しょうぶ》が邪気を払うといわれ、菖蒲酒を飲んだり菖蒲湯に入ったりする習慣がありました。菖蒲が尚武《しょうぶ》（武道・軍事を重んじること）に通じることから、その習慣が男の子の節句になり、今も五月五日に菖蒲湯に入るならわしがあります。

また、雛人形は災いを身代わりになって引き受け、子どもを守ってくれるものといわれています。

「七五三《しちごさん》」子どもの成長をまとめて祝う

意味

三歳になった男の子と女の子、五歳になった男の子、七歳になった女の子が無事に成長したことを氏神に参詣して祝う行事。

子どもがその年齢を迎えた年の十一月十五日に、晴れ着を着せて神社に詣で、無事な成長を感謝します。現在は満年齢で祝うのが一般的ですが、昔は数え年で祝いました。昔は幼くして亡くなる子も多かったため、ここまで無事に育ってくれたことへの感謝の気持ちも大きかったと思われます。

また、七五三と切り離せない千歳飴《ちとせあめ》は、江戸時代に長寿を祝う縁起のよい品として商人が売りだしたところ大きなブームになったもので、現在のバレンタインデーのチョコレートと同じ商法が江戸時代にも行われていたということです。

いわれ　もともとは、平安時代から行われていた、子どもの成長の節目に、その無事を祝う行事でした。

それは、三歳のときに行う「髪置きの儀」、五歳のときに行う「袴着《はかまぎ》の儀」、七歳のときに行う「帯解きの儀」で、これらが江戸時代に「七五三」という一つの行事になったといわれています。

関連

昔の行事のそれぞれは、次のようなものでした。

髪置き（三歳） 幼児が、それまで剃っていた髪の毛を、初めて伸ばしはじめる祝いの儀式。

袴着（五歳） 男の子が初めて袴を身につける儀式。

帯解き（七歳） 男の子は五歳から九歳、女の子は七歳のとき、それまでの付け紐《ひも》の着物をやめ、初めて帯を締める祝いの儀式。

「成人式《せいじんしき》（元服《げんぷく》・初冠《ういこうぶり》・髪上《かみあ》げ）」大人になったことを示す

意味

成人したことを祝う行事。

現代では、一月の第二月曜日が国民の祝日である「成人の日」とされ、市区町村など地方公共団体が、その地域に住民票がある二十歳に達する若者を招いて祝う行事をいいます。

いわれ

昔は「元服」といい、十二歳から十六歳ごろに行いました。「元」には「かしら・首」、「服」には「身につける」の意味があります。

男子は、平安時代には、髪を結い上げ、初めて冠をかぶり、大人の服を身につけました。また、幼名を改め位も与えられました。武家の時代になると、髪を額から頭の中央まで剃り落とし、月代《さかやき》と呼ばれる髪にしました。初めて冠をかぶることから「初冠」、髪を月代にすることから「初元結《もとゆ》い」ともいいます。

女子の成人式は、「髪上げ」といい、貴族の女子が短く切りそろえて垂らした「かぶろ」

という子どもの髪を改めました。

また、「髪上げ」と同時に、「裳着《もぎ》」という、成人したしるしに初めて「裳（腰から下の袴の上などにつける装束の一種）」を身につける儀式も行われました。

関連

「成人」と「成年」のちがい

・「成人」は、一般的に「成長した一人前の大人」のことであり、今の日本ではふつう二十歳以上の人を指します。

【例】成人映画・成人式・成人病

・「成年」は、「知能・考え方も身体も十分大人と認められる年齢」のことをいい、法律的には、満二十歳以上です。ただし、十八歳以上を成年者と扱っている法律もあります。

【例】成年後見制度・未成年

「厄年《やくどし》」

災難に遭いやすい

一生のうちで、危難に遭いやすいとされ、万事に慎むべきとされる年齢。

意味

一般的には、数え年で、男性は二十五歳・四十二歳・六十一歳、女性は十九歳・三十三歳・三十七歳が厄年にあたるといわれています。なかでも男性の四十二歳、女性の三十三歳は大《たい》厄《やく》で、前年の前厄《まえやく》、翌年の後厄《あとやく》の三年間は注意を要するとされています。

ただし、厄年の年齢や数えかたは、神社によって異なり、自分が該当するかどうかはお参りする神社に確認する必要があります。

いわれ

厄年は、中国の暦・天文・占いなどを扱う陰陽《おんよう》道から出たといわれます。

この年齢は、一生のうちで肉体的・精神的に曲がり角にあたる年齢で、体調にさまざまな変化が出やすくなったり、社会的な環境などの面でも責任が出てきて重圧がかかったりしやすいので注意を要するともいわれますが、これといってはっきりした根拠があるわけではな

いようです。

関連語

厄落とし
厄払い
厄除《よ》け

この三語はみな同じような意味で、神仏に祈って災難に遭わないようにすることをいいます。

厄除けのお祈りや御祓《はら》いをする神社仏閣は全国いたるところにあります。

厄日　陰陽道では、災難に遭いやすく、万事慎むべき日をいいますが、最近では「今日は散々な厄日だった」などと、単に悪いことが重なった日のことに使われることも多くあります。

「賀寿《がじゅ》」長寿を祝う

意味　ある年齢まで長生きしたことの祝い。

昔は四十歳（＝四十《よそじ》の賀）から始めて十年ごとに、五十歳（＝五十《いそじ》の賀）などの祝いを行いました。室町時代以降は、「還暦」や「古稀《こき》」なども祝うようになりました。

いわれ　「還暦」や「古稀」といった長寿の祝いは中国から伝わりました。「還暦」は、十干《じっかん》と十二支を組み合わせた干支《えと》が、六十年で一巡して最初の干支に還《かえ》ることから出たことばで、「本卦《ほんけ》がえり」ともいいます。赤いちゃんちゃんこを着て祝うのは、六十年で一度生まれ変わり、また新しく人生を始める意味があるといわれます。

関連　おもな「賀の祝い」（年齢はすべて数え年）
「還暦《かんれき》」（六十一歳）　干支が一巡して最初に戻ることから。本卦がえり。

「古稀《こき》」（七十歳） 中国の杜甫《とほ》の詩にある「人生七十古来稀《まれ》なり」の句から出た語。
「喜寿《きじゅ》」（七十七歳） 「喜」の草書体「㐂」が、七十七に似ていることから。
「傘寿《さんじゅ》」（八十歳） 「傘」の草書体「仐」が、八と十に分解できることから。
「半寿《はんじゅ》」（八十一歳） 「半」の旧字体「半」が、八と十と一に分解できることから。
「米寿《べいじゅ》」（八十八歳） 「米」が、八と十と八に分解できることから。
「卒寿《そつじゅ》」（九十歳） 「卒」の俗字「卆」が、九と十に分解できることから。
「白寿《はくじゅ》」（九十九歳） 「白」が、「百」の上の一を取った字であることから。
「皇寿《こうじゅ》」（百十一歳） 「白」が九十九、「王」は十と二で、九十九足す十二から。

「入園《にゅうえん》・入学《にゅうがく》」

希望に胸もふくらむ

意味

入園……保育園（保育所）・幼稚園など、園と名のつく施設の一員になること。対義語は「卒園」。

入学……ある学校に新入生として入ること。対義語は「卒業」。


保育園は、保護者がいろいろな事情で乳幼児の保育が難しいときに、保護者から預かって保育する施設です。厚生労働省所管の児童福祉法に基づく児童福祉施設で、ゼロ歳児から預けることができます。また保育士には、国家試験資格が必要です。

一方幼稚園は、学校教育法に定められた、満三歳から就学前の幼児を教育する文部科学省が所管する教育目的の施設です。このため、幼稚園の先生には、教諭免許が必要です。

また、最近では保育園、幼稚園の両方の機能を持つ「認定こども園」も増えています。

小学校に入学するのは満六歳に達した子からで、その後九年間は義務教育になります。

入園式・入学式に親が参加する割合は、子どもの年齢が低いほど多くなるのは当然ですが、最近は大学の入学式でも結構多く、これを過保護だとする意見もみられます。しかし、これ

も人生における冠婚葬祭の一場面だと考えれば、出席することにも意味があるように思えます。

関連語

学童保育 親が共働きをしているなどの家庭の事情で、学校から帰っても保護者が家にいない小学生を、放課後の一定時間保育すること。

待機児童 親が認可保育所への入所申請をしているのに、入所できない状態が続いている児童のこと。

鍵っ子（カギッ子） 学校から家に帰ったとき、保護者が誰もいなくて、自分で家の鍵を持ち歩いている子どものこと。高度経済成長時代の一九六〇年代後半には社会問題化して流行語になりました。

「卒園《そつえん》・卒業《そつぎょう》」新しい世界への旅立ち

意味

卒園……保育園（保育所）・幼稚園などの課程を終えること。対義語は「入園」。
卒業……学校で、所定の学業の課程を終えること。対義語は「入学」。

「卒」は終えること、「業」は学業を表し、「卒業」とは、「学校での所定の学業の課程を終えること」をいいます。また最近では、ある事柄や段階を過ぎることにも使われ、よくアイドルグループなどを脱退する場合にも「グループを卒業する」などといいます。そのほか卒業式のスピーチなどでは、「社会に巣立つ」などと、ひなが巣から飛び立つことにもたとえられます。

「卒業」に伴う行事としては、卒業式・卒業アルバムの撮影・卒業文集の制作、大学では卒業論文（卒論）の提出、芸術系の大学などでは卒業制作などがあります。

関連語

卒業生総代　卒業生の代表。卒業式で、恩師、親、在校生に対する感謝のスピーチ（答辞）をしたり、代表で卒業証書を受領します。

送辞　卒業式で、在校生の代表が卒業生に送る別れと感謝のことば。

答辞　祝辞・送辞などに対して答礼として述べることば。卒業式では、卒業生の代表が在校生の送辞に答えることばですが、その際には先生や親にも感謝のことばを述べます。

卒業証書　その学校の全課程を修了したと認めた者に校長が発行する証書。学校教育法に規定されています。多くは円筒などに丸めた状態で保管されます。

卒業論文　おもに大学で、卒業要件として最終学年の学生に課される論文。卒論指導の教員などと話し合って題目を決める場合が多いようです。書式や枚数、提出期限は指定され、守れないと卒業が難しくなります。

「就職《しゅうしょく》」社会人としての第一歩

意味

新しい職を得て職業に就くこと。対義語は「退職」。

「もう内定もらった？」「家族で就職祝いをしなきゃ」などと、多く、学校を卒業して、初めて職業に就く場合にいわれます。

高校・専門学校・大学の新卒予定者や新卒者が、希望する企業の内定を得て就職が決まるまでには、一般的にずいぶん長い過程を必要とします。

まず企業の説明会で希望の会社を決め、募集にエントリーします。その後何回かの入社試験でふるいにかけられ、最終的にまた何回かの面接試験に合格した者だけが、待望の内定を得られます。

しかし、内定通知をもらっても実際に入社式を迎えるまでは、なかなか安心できません。

関連語

就活（就職活動） 大学の新卒学生が希望する企業・職種に就くためにする活動。企業の説

明会に出たり会社訪問をしたり、筆記・面接試験を受けるために履歴書などを提出したりして、最終的に内定を得ることを目的とする一連の活動。就活には「リクルートスーツ」と呼ばれる黒のスーツを着用する学生が大半で、就活の時期の風物詩のようになっています。また、企業の選考開始時期は、年により変更もあるので注意が必要です。

インターンシップ　在学中に学生が、企業での実習体験を行うこと。また、その制度。

内定　正式に公表される前に内々で決まること。就職だけでなく、「つぎの役員に内定する」などとも使われます。

第二新卒　学校を卒業して一度就職したが、短期間（三年以内）に退職した求職者、または転職を希望する求職者。

「昇進《しょうしん》・栄転《えいてん》」社内での地位が上がる

意味

昇進……組織内で、上位の地位や役職に進むこと。
栄転……今までよりも上位の地位や役職に転任すること。

昇進も栄転もおめでたいことなので、職場では、皆でお祝いの品を贈ったり、他の勤務地への転勤の場合には送別会をひらいてお餞別《せんべつ》を贈ったりします。

なお、個人的にお祝いする場合は、職場とは別に相手の自宅にお祝いの品を贈るか、個人的に設定したお祝いの席で手渡すようにします。

どちらの場合も、贈る品は、ビジネスバッグやシステム手帳、万年筆やボールペンなどの筆記具などこれからの仕事に使える実用的なものが喜ばれますが、最近ではカタログギフトや商品券も多いようです。

逆に左遷での異動が明らかな場合には、かなり気をつかうことが必要になります。

関連 「昇進」と「昇格」の違い　「昇進」は、組織内で上位の地位や役職に進むことで、「昇格」は、

組織内の資格制度などにおいて資格や等級が上がることです。

たとえば、係長が課長になることは地位からいえば「昇進」ですが、資格制度における等級がそのままであったなら、「昇格」とはいえません。

「昇格」の反対語は「降格」で、類似語には「昇級」があります。

昇給　給料が上がること。ふつうは、昇進や昇格に伴いますが、最近名目上の地位だけ上げて、実質的な給料は上げない企業もあり、問題になっています。

左遷　低い地位や役職に落とすこと。昔、中国では右を重く見たことから「左へ遷《うつ》す」のは、地位を落とす意味になりました。一般的に「栄転」の反対語として使われます。

「退職《たいしょく》」人生の再出発

意味

それまで勤めていた職をやめること。

退職は、今までの人生にいったん区切りをつけ、これから新しい職場に赴くのか、または、とりあえず一休みしてこれからの人生を考えるのか、社会をリタイアして今までの人生でし残したことを実現するために時間を使うのか、いずれにしてもそれまでの人生とは異なる道を歩むことになる人が大半ですが、こういうときこそ前向きな思考が必要です。

退職には、大きく分けて二つあります。一つは自己都合による退職で、もう一つは会社都合による退職です。自己都合とは、転職や結婚、家庭の事情などで自ら退職届を出し、会社がそれを認める場合ですが、これだと雇用保険の受給に約三か月の待機期間があります。一方、業績不振によるリストラや倒産などによる会社都合の場合の待機期間は七日間です。

関連語

辞職　それまで勤めていた職を自分の意思でやめること。「退職」は会社都合による場合も含めますが、「辞職」は自分の意思による場合です。

退職金　退職に伴って勤務先から支払われるお金。金額は一般的に、給料と勤務年数によって決められます。

厚生年金　民間企業で、従業員が老齢や死亡、けが・病気などで働けなくなったときに支給される年金。公務員については共済年金制度でしたが、現在では厚生年金に統一されています。

雇用保険　以前の失業保険に代わって定められた社会保険。失業者に対する給付のほか、雇用改善・能力開発などの助成なども行います。

天下り　退職した高級官僚が、所属官庁と関連のある民間企業や団体に再就職すること。再就職先が用意され、待遇や条件がよすぎることなどが問題になっています。

「新築《しんちく》（地鎮祭《じちんさい》・上棟式《じょうとうしき》）」新生活の拠点

意味

地鎮祭……ある土地に新しい家を建てるとき、着工前にその土地の神を祀《まつ》って鎮め、土地を使う許可を得る儀式。

上棟式……家を建てる際、骨組みができてその上に棟木《むなぎ》を上げることを神様に報告する儀式。棟上《むねあ》げ、建前《たてまえ》とも。

日本では古来、自然の現象やすべての事物には神が宿っているという自然神の思想がありました。

当然それは土地にも結びつき、家を建てるときにはその土地の氏神を祀って、工事の安全を祈願する儀式を行いました。地鎮祭は、土地の四隅に青竹を立てて注連縄《しめなわ》で囲ったり、紅白の幔幕《まんまく》で囲ったりした祭場に祭壇を置き、そこに神を祀りお供えをして神職に御祓《はら》いをしてもらいます。上棟式は、柱・梁《はり》などの骨組みができて棟木を上げるときに、その家と、その家に住む家族の無事と幸せな生活を祈る儀式です。屋上や地上に祭壇を設けて御祓いを行います。どちらも、神事が終わったあとは、お供えのお下がりを用いて「直会《なおらい》」という宴会

を行います。
また、新築祝いの品を贈る場合は、「火」に関係するものや連想させるものは避けるのがマナーです。

関連語

棟梁《とうりょう》　一つの集団を率いる指導者。国や一族をまとめ率いる統率者のことで、家の「棟《むね》」と「梁」はどちらも建物を支える重要な部分であることからいいます。また、江戸時代には、大工の親方のことを棟梁というようになりました。

直会《なおらい》　地鎮祭や上棟式などの神事が終わったあとに、神に供えたお神酒《みき》やお供えの食べ物をおろして、神事に参列した者が行う宴会のこと。

「開店《かいてん》・開業《かいぎょう》」胸躍る新しい一歩

意味

開店……新しく店を開いて商売を始めること。
開業……新しく事業や商売を始めること。

開店・開業の祝いには、酒類や花、観葉植物や飾りとなるインテリアなどに祝辞を添えて贈ります。贈り物にしてはいけないのは、赤字を連想させる真っ赤な花や、火に関係したキャンドル、ライター、灰皿などです。お祝いのメッセージにも「赤」や「火」に関することばや「つぶれる」「落ちる」などのことばはタブーです。

このほかに、昔から贈って喜ばれる縁起のいい物として、熊手、招き猫、だるまなどがあります。

関連語

熊手　竹製の、長い柄の先にクマの手のような曲がった爪を扇状につけた道具で、穀物や落ち葉をかき集めるのに使われました。これに宝船・小判・おかめの面などを飾りつけたものが、「福徳をかき集める」縁起物として酉《とり》の市で売られます。

招き猫　片方の前足を挙げて、人を招く格好をした猫の置物。客を招くということから商売繁盛の縁起物として、商店の店先などに置かれます。右の前足を挙げている猫は金運を、左の前足を挙げている猫は客を招くといわれますが、開店祝いの贈り物としては、一般的に左前足を挙げたものが多いようです。

だるま　南インドの僧で禅宗を始めた達磨《だるま》大師が、中国の少林寺で壁に向かって九年間座禅を組み続けて悟りを開いた（面壁《めんぺき》九年）、座禅姿を模した張り子の置物。ふつう顔以外の部分は赤く塗って底に重りを入れ、倒してもすぐ起き上がるようにつくってあります。

　開運の縁起物としては、願い事がかなったときに目玉を描き入れます。生産地としては群馬県高崎市が有名です。

「快気祝《かいきいわ》い」 病気・けがからの再出発

意味

快気……病気やけがが治ること。
快気祝い……病気やけがの全快を祝うこと、また、その祝い。

病気やけがで入院中にお見舞いに来てくれた人に、お見舞いのお礼、退院と全快の報告をすることが快気祝いの目的です。快気祝いでお見舞いのお返しをする場合、表書きは「快気祝」でのしをつけ、水引は紅白の結び切りにします。この結び切りというのは、一度きりで同じことが二度と起きないようにという意味があります。

また、贈る品は、あとを引かないようにという意味で、食べてしまえばあとに残らない食べ物や、使ってしまえばあとに残らないタオルや洗剤・石けんなどの消耗品が選ばれることが多いようです。逆にシーツなどの敷物は、寝つくことを連想させるので避けるほうがいいでしょう。

関連語

快気内祝い　快気祝いが全快を報告する祝いであるのに対し、贈る品の表書きに「快気内祝」

とすると、とりあえず退院はしたけれどまだ治療は続く、完治はしていないことを意味します。

また、見舞いに来たかどうかは別として、とにかく病気で心配をかけた親戚などに対してお礼の品を贈るという場合にも使われるようです。

退院祝い　快気祝いは、退院した人が、病気の間お世話になった人に贈る祝いであるのに対し、退院祝いは、退院した人に周りの人が贈る祝いです。

その人の入院中お見舞いに行けなかった場合などにも贈ります。

退院祝いの品は、やはりあとを引かない消耗品で、水引は紅白の結び切りにします。

「受賞《じゅしょう》・受章《じゅしょう》・受勲《じゅくん》」 努力が認められる喜びの日

意味

受賞……賞状・賞金・賞品・賞杯など、賞を受けること。対義語は「授賞」。
受章……勲章や褒章を受けること。対義語は「授章」。
受勲……勲章を受けること。

「受賞」は、「アカデミー賞を受賞する」「天皇杯を受賞する」などと使われ、「~賞」「~杯」「~コンクール」など、主催者が設けた催しに優勝・入賞・入選などして、賞の栄誉を受けることをいいます。また、懸賞やクイズなどの当選者にも、特賞・一等賞などの賞が与えられます。

「芥川賞・直木賞」や「ノーベル賞」を誰が受賞するかは、毎年のように大きな話題になります。

逆に主催者の側からいう場合には、「授賞者が決まる」「授賞式を行う」などと「授」の文字を用います。

「受章」は、「文化勲章を受章する」「紫綬《しじゅ》褒章の受章者」などと使われます。

勲章や褒章の受章者は、毎年春と秋に天皇陛下と皇后陛下が主催する園遊会に招待されることも多いようです。

主催者の側からいう場合は「授章」の文字を用います。

関連

受勲と受章　「受勲」は勲章を受けること。「春の受勲」「受勲の栄誉に拝する」などと使われます。「受章」とほぼ同じ使われ方をされます。

親授　天皇が勲章などをみずから受賞者に授けること。

授賞式　授賞式は主催者が行う「受賞者に賞を授ける式」ですから、「授賞式」と表されます。

「ノーベル賞」世界に認められる功績

意味

ダイナマイトの発明で知られるスウェーデンの化学者アルフレッド・ノーベル（一八三三〜一八九六）の遺産を基金にして、その遺志により設けられた世界的な賞。受賞者にはメダル・賞状・賞金が贈られます。第一回の授与は一九〇一年に行われました。

最初は、物理学、化学、生理学・医学、文学、平和の五部門でしたが、一九六九年からスウェーデン銀行により経済学賞も設けられました。人類に著しい貢献をした人物に贈られます。ただし平和賞には団体・組織も認められています。

毎年十月ごろに受賞者が決まり、授賞式はノーベルの命日である十二月十日に、スウェーデンの首都ストックホルム（平和賞はオスロ）で行われます。

日本人のノーベル賞受賞者（二〇一六年現在）

〔物理学賞〕**湯川秀樹《ひでき》**（一九四九年）・**朝永《ともなが》振一郎**（一九六五年）・**江崎玲於奈《れおな》**（一九七三年）・

小柴昌俊《こしばまさとし》（二〇〇二年）・南部《なんぶ》陽一郎（二〇〇八年・受賞時米国籍）・小林誠（二〇〇八年）・益《ます》川敏英《かわとしひで》（二〇〇八年）・赤崎勇《いさむ》（二〇一四年）・天野《あまの》浩《ひろし》（二〇一四年）・中村修二（二〇一四年・受賞時米国籍）・梶田《かじた》隆章《たかあき》（二〇一五年）

〔化学賞〕福井謙一（一九八一年）・白川英樹《ひでき》（二〇〇〇年）・野依《のより》良治《りょうじ》（二〇〇一年）・田中耕一（二〇〇二年）・下村脩《おさむ》（二〇〇八年）・根岸英一（二〇一〇年）・鈴木章《あきら》（二〇一〇年）

〔生理学・医学賞〕利根川《とねがわ》進（一九八七年）・山中伸弥《しんや》（二〇一二年）・大村智《さとし》（二〇一五年）・大隅良典《おおすみよしのり》（二〇一六年）

〔文学賞〕川端康成《やすなり》（一九六八年）・大江健三郎（一九九四年）

〔平和賞〕佐藤栄作（一九七四年）

コラム1　叙勲・褒章の種類と対象

叙勲・褒章の賜与は、春は四月二十九日、秋は十一月三日の年二回行われます。

● 叙勲

〔勲章の種類と対象〕

大勲位菊花章・桐《とう》花《か》大綬章《だいじゅしょう》　旭日《きょくじつ》大綬章または瑞宝《ずいほう》大綬章を授与されるべき功労より優れた功労のある人。

旭日章　国家または公共に対し功労のある人で、顕著な功績を挙げた人。

瑞宝章　国家または公共に対し功労のある人で、公務等に長年にわたり従事し、成績を挙げた人。

文化勲章　文化の発達に関し特に顕著な功績のある人。（年一回十一月三日に天皇親授式）

宝冠章　外国人に対する儀礼叙勲等特別な場合に、女性のみに授与。

● 褒章

〔褒章の種類と対象〕

紅綬褒章《こうじゅ》　自己の危難を顧みず人命の救助に尽力した人。

緑綬褒章《りょくじゅ》　長年にわたり社会に奉仕する活動（ボランティア活動）に従事し、顕著な実績を挙げた人。

黄綬褒章《おうじゅ》　農業、商業、工業等の業務に精励し、他の模範となるような技術や事績を有する人。

紫綬褒章《しじゅ》　科学技術分野における発明・発見や、学術及びスポーツ・芸術文化分野における優れた業績を挙げた人。

藍綬褒章《らんじゅ》　・会社経営、各種団体での活動等を通じて、産業の振興、社会福祉の増進等に優れた業績を挙げた人。

・国や地方公共団体から依頼されて行われる公共の事務（保護司、民生・児童委員、調停委員等の事務）に尽力した人。

紺綬褒章《こんじゅ》　公益のため私財を寄附した人。

第2章

「婚」のことば

「お見《み》合《あ》い」男女の出会いのきっかけ

意味

結婚相手を探している男女が、相手のことを知るために、世話人（仲人）を通して会うこと。

日本では戦前まで見合い結婚が一般的に行われ、約七割が見合い結婚だったといわれています。親戚や近所の世話焼きが、適齢期の男女の結婚の仲立ちをしていました。両者の家格や年齢、人柄などさまざまな条件を考慮して、お似合いと思われる男女の仲を取り持ったのです。

「見合い結婚」は、鎌倉時代の武家社会に広まった結婚形態といわれています。家の繁栄と存続を重視していた時代なので、自分の家の格に合った相手を求めるという考え方でした。この時代に結婚相手を世話する「仲人業」が登場します。

江戸時代に入ると、「見合い」は裕福な商家などに広がり、徐々に庶民のあいだにも広がっていったようです。結婚に関わる「仲人」も一般的になっていきました。当時は、女性の家で「見合い」が行われ、その場で男性側が気に入ったかどうかの意思を表していました。

気に入ったなら、女性の出したお茶を飲む、お菓子を持ち帰る、扇子を置いて帰るという習慣があったようです。「見合い」は、あくまで男性側に決定権がありました。

現在では、さすがに男性側の一方的な意思表示で結婚が決まるわけではありませんが、現代のような「お見合い」の形態は、江戸時代が始まりといえるでしょう。

いわれ　「見合い」ということばは、「妻合わす」「女合わす」「見合わせる」からきたといわれています。男性に妻となる女性を引き合わせるという意味のことばです。

関連語

肝煎所《きもいりどころ》　肝煎所は、江戸中期に登場した結婚媒介業で、職業紹介も兼ねていました。

「許嫁《いいなずけ》」

将来夫婦《めおと》となる二人

意味

双方の親同士の合意で、幼いときから婚約関係にある二人のこと。また、婚約をした者同士の相手を指すいい方。

家中心の政略結婚が盛んに行われた中世武家時代に習慣化されたもので、本人同士の意思に関係なく親同士で婚約の約束が取り交わされる形になったものです。戦乱の世にあっては家を保つために必須の手段だったのでしょう。当時は男性では十二〜十六歳くらいでの婚約・結婚が当たり前の時代でしたので、当然のことながら当人同士はさておき、まずは親(家)の意思が重視されたのです。したがって、成長後悲運に泣いたという話も多く伝わっています。両家の婚約が整えば「これにてお家安泰」とばかり親の側はおおいに喜び合ったのでしょう。このような、親が主導して婚姻を決めるという慣習は近世まで綿々と続いてきました。

現在では、婚姻は二人の間の合意によることが法的に規定されており、建前上は「許嫁(許婚とも表記)」は存在しませんが、婚約した当人同士が相手を指す「婚約者・フィアンセ」

の意味で使われています。

いわれ　自分の子どもをある人と結婚させる約束を口頭で伝えることを「言い名付ける」といい、そのことばが名詞化して「言い名付け」になったといわれています。ほかに「結納《ゆいのう》付《づ》け」あるいは「忌《い》み名付け」の訛《なま》りという説もありますが、これはどうやらあまり有力な説とはいえないようです。

関連　日本国憲法第二十四条には「婚姻は、両性の合意のみに基いて成立し、夫婦が同等の権利を有することを基本として、相互の協力により、維持されなければならない」とあり、当事者同士の合意、男女同権が明確にうたわれています。

「結納《ゆいのう》」めでたく婚約成立

意味

婚約のしるしに両家の間で金品などを贈り合う儀礼。また、その金品。

「結納」とは文字どおり両家が親類として「結」びついたことを祝い、互いに贈り物を「納」め合うことによって、両家が正式な挨拶を交わす儀礼のことをいいます。この日を境に二人が正式な婚約者となるわけです。「樽入《たるい》れ」「納采《のうさい》」などともいいます。本来は仲人を立てて、その仲人が両家の間を行き来して結納品を贈り合うのが正式な形でしたが、最近では両家が集まっての顔合わせの食事会などで簡略に結納をすませるケースが多いようです。

いわれ

「結納」に関わるもっとも古い記述は『日本書紀』にあります。ただし、一般庶民にまでこの風習が広まったのは明治時代以降のことで、江戸時代まではごく一部の富裕な階層だけで行われていたようです。

関連

「結納」の時期は？　挙式予定の三～六か月前の吉日の午前中を選ぶのがベストとされています。

「結納」の場所は？　料亭・ホテル・式場・個室のあるレストランなどがよく選ばれるようです。男性側が女性の家を訪問して女性宅で行う場合もあります。

結納返し　頂いた結納へのお礼と、こちらこそよろしくという意味を込めてお返しをする品です。現金に限らず婚約成立の記念品や新生活に役に立つ品物などを贈ります。関東地方を中心として「半返し」ということがよくいわれるようですが、それでは負担が大きくなるため、最近ではそれよりも控えめにする傾向にあるようです。

「結納品《ゆいのうひん》」長熨斗《ながのし》・松魚節《かつおぶし》・末広・金宝包《きんぽうづつみ》など

結納の際に両家で交換、または男性側から女性側に贈られるお祝いの品。

意味

円満・長寿・子宝など両家のますますの繁栄を象徴する縁起物を取りそろえます。品目や数は地域や家によってさまざまですが、一般的には次の九品目が正式とされています。

品目とそのいわれ

長熨斗…アワビを干してたたき、薄く伸ばして奉書に包んだもの。アワビは長生きする貝ということから、不老長寿を象徴しています。**松魚節**…鰹節《かつおぶし》。たくましい男性の象徴として贈る縁起物です。**末広**…一対の白扇子。扇子を広げた形は末広がりの繁栄を、白は純潔・無垢《むく》を象徴します。**金宝包**…結納金を包んだもの。男性側は「御帯料《おびりょう》」、女性側は「御袴料《おんはかまりょう》」として贈ります。**家内喜多留《やなぎだる》**…本来は柳の木でできた樽《たる》に入れた祝い酒のこと。家に喜びが多く訪れるように願う意味があります。現代では「酒料」として現金を包みます。**友白髪《ともしらが》**…白い麻糸の束。夫婦ともに白髪になるまで添い遂げられま

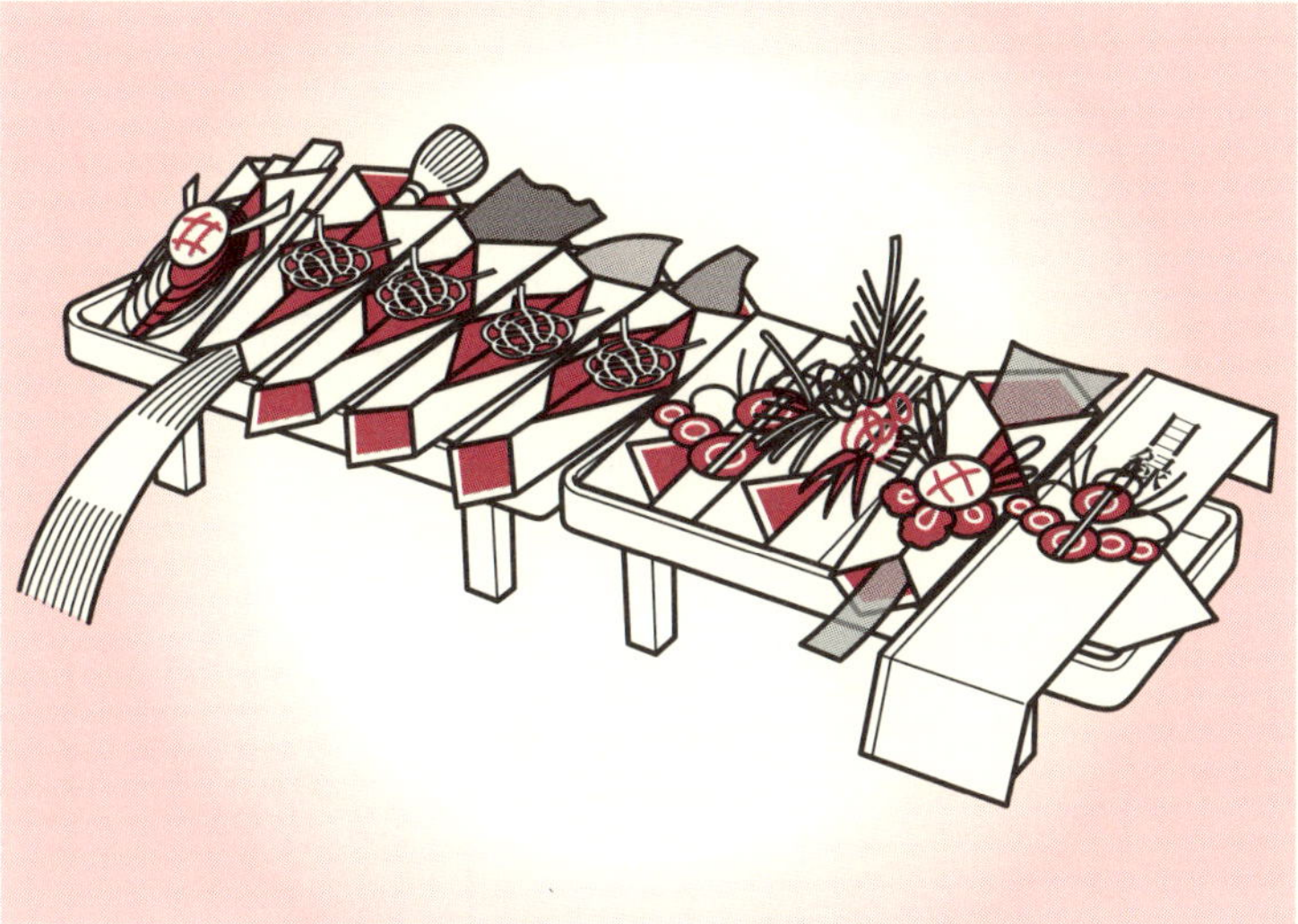

すようにという願いを込めたものです。**子《こ》生《ん》婦《ぶ》**…昆布。「よろこぶ」思いを込めています。また、昆布は強い生命力と繁殖力があることから、子宝に恵まれますようにという願いを込めています。**寿《す》留《る》女《め》**…するめ。するめは日持ちがすることから、長く縁が続きますようにと願い、さらにするめのように噛《か》むほどに味の出る夫婦になりますようにとの思いを込めています。**目録**…結納品の品目と数を明記したもの。

以上が正式の九品目といわれるものですが、略式の場合は七品目（九品目の中から松魚節と家内喜多留を省略）または五品目（七品目から子生婦と寿留女を省略）となります。正式・略式いずれの場合も、奇数の品数とします。

「婚約《こんやく》」

ハッピーな二人の結婚への固い誓い

意味

相手を将来の伴侶と定めて、誠意をもって結婚の約束をすること。

婚約とは文字どおり「婚姻の約束」のことです。カップル同士が相手を将来の伴侶と決めて結婚の約束をし、周りにもそれを伝えます。結婚の場合は婚姻届を役所に提出する必要がありますが、婚約の場合は特に法的な手続きは一切なく、一般的にはプロポーズのタイミングで婚約が成立したものとされます。当事者間で将来の結婚について合意していれば婚約は成立するのです。つまり、口約束であってもそれが本心から出たことばであれば婚約は成立するわけです。しかし、口約束だけでは本人同士も周りの人々もなにかモヤモヤとした気分になりがちです。そこで、婚約したことを周囲にお披露目《ひろめ》するために次のようなことをするケースが多いようです（もちろんこれらが必ず必要だということではありません）。

婚約指輪　男性から女性へ贈り、女性がそれを受け取ることで結婚を了承するという意味があります。女性からはお返しとして時計やスーツなどを贈るケースが多いようです。

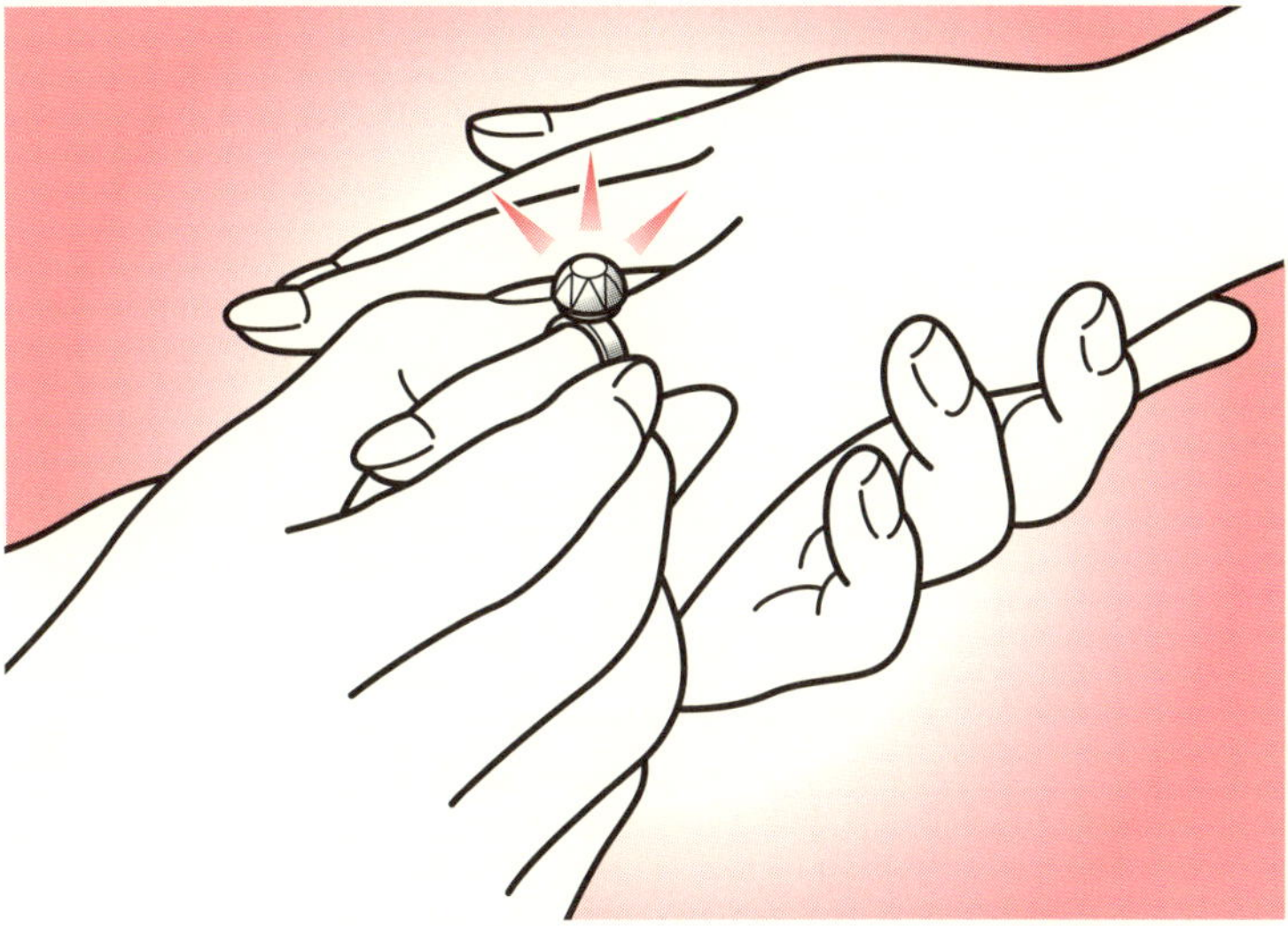

婚約通知状　周囲の皆さんに婚約を公表します。最近ではメールも使われます。

結納　日本における伝統的な婚約時における儀式です。

婚約パーティー　基本的には婚約した二人が主催するパーティーで、親族や友人などを招いて婚約したことを披露します。

顔合わせを兼ねた食事会　結納やパーティーではなく、両家で簡単な食事会を行うことでも婚約を確かめ合うことができます。

関連

未成年でも婚約できる？　もちろんＯＫです。ただし二十歳未満は親の承認がないと結婚できないため、本人同士にその意思があっても取り消されることがあります。

「媒酌人《ばいしゃくにん》・仲人《なこうど》・介添え人《かいぞえにん》」ブライダルコーディネーター

意味

媒酌人……結婚式の立会人。二人の結婚を承認し、それを列席者に報告する役目で、挙式当日に限った役割であることが特徴です。

仲人……結納・挙式・披露宴さらに結婚式の後まで二人の相談に乗ってくれる存在。多くの場合仲人は媒酌人を兼ねます。

介添え人……挙式や披露宴の間に、主として花嫁の身の回りの世話をする人。

現代と比べて見合結婚が多かった一昔前までは、婚約から結婚までを取り仕切ったり、結婚後のさまざまな相談にも乗って両家の間を取り持つ仲人という存在は欠かせないものでした。しかし、最近では結婚する二人があれこれ考えて仕切ることが多くなり、仲人を立てるとしても挙式当日だけ、つまり媒酌人（別名頼まれ仲人）としてお願いするというスタイルが多くなりました。また、取り立てて媒酌人を立てることはせず、その役目を結婚式の司会者や親しい友人が務めるというケースも多いようです。ちなみに媒酌人・仲人のことを中国の故事を踏まえて「月下氷人《げっかひょうじん》」ともいいます。

どうも仲人・媒酌人の存在は時代とともに影が薄くなってきているようですが、一方介添え人は「黒子《くろこ》」に徹しながらも新郎新婦の一生に一度の晴れ姿を最高に引き立てるという役目がら、ますます注目される存在になっているようです。かつては媒酌人または仲人の妻が新婦の介添え役を務めましたが、最近ではアテンダーと呼ばれる専門のスタッフがその任に当たることが多いようです。

いわれ

媒酌人　酌（＝酒を酌《く》み交わす）の媒（＝なかだち）をする人の意味。

仲人　人と人の間に入って、人間関係のなかだちをする人の意味。

介添え人　人に付き添ってその世話をする人の意味。

「新《しん》郎《ろう》新《しん》婦《ぷ》」 主役？ おもてなし役？

意味　**結婚したばかりの夫と妻。**

司会者による「新郎新婦のご入場です」などのことばにみられるように、主として結婚式・披露宴などで使ういい方です。この場合「郎」は「おっと・おとこ」の意味で、年若い男子の美称として使われる文字です。一方「婦」は「結婚した女性・夫に対する妻」の意味を表します。文字どおり出来立てほやほやのなんとも華（花）やかな二人を祝福することばです。したがって「花婿花嫁」ともいいます。新郎新婦・花婿花嫁ともにいかにも初々しい二人を象徴する表現といえるでしょう。

新郎新婦はもちろん結婚式・披露宴当日の祝福されるべき主役ですが、同時に集まっていただいたゲストをおもてなしするという重大な役目も担っています。「出席して本当によかった」と皆さんから思っていただけるようしっかりおもてなしもしなくてはなりません。当日はとかく緊張しがちですが、「舞台の上」に立ったつもりで主役を楽しむことができれば

自然と笑顔になり、ゲストの皆さんに好印象を与えることができます。美しいふるまいと素敵な笑顔でゲストを心からもてなすよう心掛けましょう。当日は初対面の人もたくさんいるはずです。第一印象がよいということは、後々の宝となります。

そして、お開きのあと皆さんに「いい結婚式だったな」と思っていただければ、新郎新婦の役割はほぼ完璧にやり遂げたといえるでしょう。

関連 **新郎新婦の立ち位置**　新郎の左側に新婦が立つのが一般的です。ひな祭りの内裏雛《だいりびな》の並びにならったとする説や、西洋で騎士が右手にサーベルを持ち、自分の左側で愛する女性を守ったことに由来するという説があります。

「大安《たいあん》」

大安吉日。すべてによし！

意味

結婚・旅行・引っ越しなど、物事をするのにすべてよいとされる日。

カレンダーをよく見ると、日付や曜日のほかに「先勝・友引・先負・仏滅・大安・赤口」ということばが書かれているものがあります。これを六曜といい、もとは中国で生まれた考え方です。現代においても冠婚葬祭の日取りを決めるときにこの六曜をよりどころにするという人は結構多いようです。この六曜の一つが大安です。「大いに安し」の意で、何をしてもうまくいくとされる日で、六曜の中で最も吉の日なのです。特に結納や結婚式などを行うには最適とされているので、何としてでも大安の日に挙式をしたいと考える人が多いようです。また、何事によらず新しいことを始めるのによい日とされているので、結婚式に限らず引っ越しや旅行などをする際にゲンを担いで大安を選ぶ人がたくさんいるようです。「大安《たいあん》日《にち》」の略。「だいあん」ともいいます。

関連

大安以外の六曜 **先勝**（せんしょう・せんがち・さきがち）…先んずれば勝つという意味で吉日。ただし、午前中は吉で午後は凶とされます。 **友引**（ともびき・ゆういん）…昼は凶、午前中と夕方から夜は吉とされ、吉・凶両方の意味がありますが、「友を引きこむ」という意味から特に葬儀を行うことは避けます。 **先負**（せんぶ・せんぷ・さきまけ）…何事も急ぐと負けるの意味で、先勝の正反対です。したがって、午前中は凶、午後は吉。

仏滅（ぶつめつ）…仏も滅するような大凶の日の意味です。一日中凶とされる日です。

赤口（しゃっこう・しゃっく・せきぐち）…「赤」が火や血を連想させ、用心が必要な凶の日とされます。ただし、正午に限って吉。

「白無垢《しろむく》・ウエディングドレス」

格調高い花嫁姿

意味

白無垢……和式の結婚式で着る、上着・下着・小物ともすべて白一色の衣装。
ウエディングドレス……洋式の結婚式で着る、純白で肌の露出の少ない衣装。

「白無垢」は、和式の婚礼衣装のなかでもっとも格式の高い衣装とされています。神聖な結婚式に臨むための衣装で、打掛《うちかけ》から掛下、帯、足袋《たび》、草履《ぞうり》、扇子にいたるまで白一色で統一されます。花嫁は、この白無垢に白の綿帽子か角隠しをつけ結婚式に臨みます。

古来、白は神聖な色とされ、神事などの際に斎服として着用されてきました。また、白は純潔を表すとともに邪気を払うという意味ももっています。結婚式も神事の一つと考えられてきたので、その流れから、白無垢・綿帽子の花嫁衣装が定着してきたと思われます。

花婿の衣装は、白無垢・綿帽子の花嫁に合わせて、黒の紋付き羽織袴を着用します。

洋装の花嫁衣装は、ウエディングドレスです。これは、キリスト教式結婚式で着用されます。ウエディングドレスは、教会の厳かな雰囲気にとても映え、賛美歌の調べに包まれて感動的です。ドレスに合わせるウエディングベールは、清浄のシンボルで、邪悪なものから花

嫁を守るとされていて、挙式のときだけ着けます。新郎は、モーニングコート（昼）かタキシード（夜）を着用します。

いわれ　婚礼衣装としての白無垢は、鎌倉から室町時代の武家や商家の花嫁の衣装だったといわれます。これは、神事に着用する斎服の流れからきたもののようです。また、白は純潔を表し、嫁として婚家の色に染まりますという決意を表すという説もあります。

ローマ時代、キリスト教が広まるにつれて、結婚式が教会で行われるようになりました。ウエディングドレスは、王や貴族の花嫁が結婚式で着用した衣装が始まりといわれています。純白のドレスは、十九世紀のビクトリア女王の結婚衣装から広まりました。

「紋付《もんつ》き羽織袴《はおりはかま》・モーニングコート」これぞ新郎ハレの日の正装

意味

紋付き羽織袴……男性用の家紋の入った礼装用和服。
モーニングコート……男性用の洋式礼装。

結婚式を洋式にするか和式にするかは結構迷いどころですね。モーニング＋ウエディングドレス人気は相変わらず高いようですが、日本の伝統美である和装にも根強い人気があるようです。紋付き羽織袴とモーニングコートは、新郎または新郎の父親などが身につける和式・洋式のフォーマルな衣装の代表とされるもので、それぞれ次のような特徴があります。

紋付き羽織袴　現代の男性用和式第一礼服。もともと江戸時代に武家社会で略礼服として用いられていたものが、徐々に庶民の男子用礼装として広まったとされています。色は黒が主流で、何色にも染まらないという意味が込められているそうです。これに対して女性は、すべて白で統一された白無垢《しろむく》姿が花嫁衣装になります。

モーニングコート　洋装における男性用礼装の一つ。フロックコート（上着丈が前も後ろも長いもの）の前裾《まえすそ》を乗馬用に切り落としたものが正装として用いられるようになったといわ

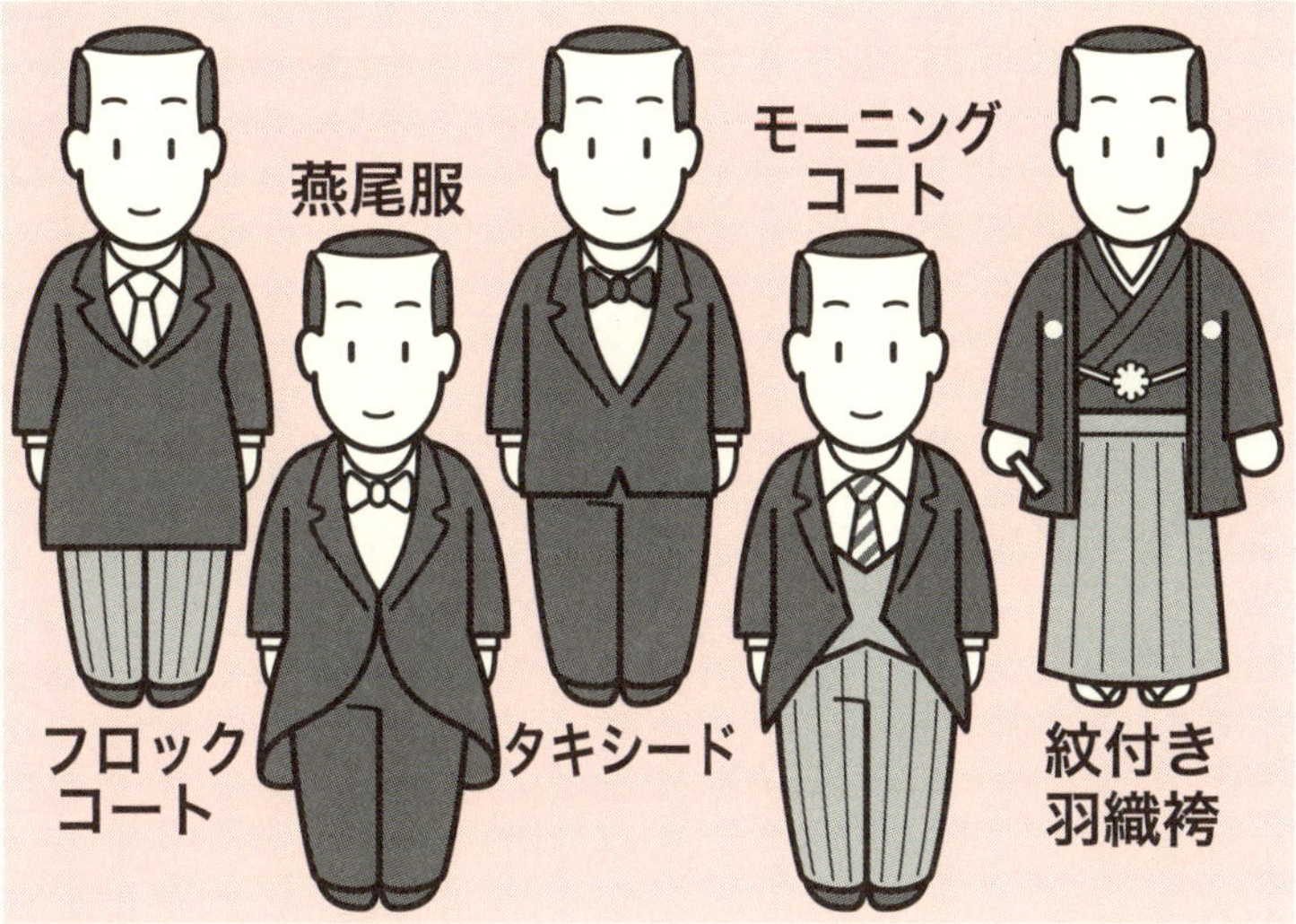

れています。上着の色は黒、アイボリーやグレーのベスト、グレー縦縞《たてじま》のスラックス着用、ネクタイは白黒のストライプが基本のスタイルです。女性はウエディングドレスで装います。

関連 **タキシード・モーニングコート・燕尾服《えんびふく》の違い** タキシードは夜間のみに着用されるものですが、同じく夜間用の礼装である燕尾服よりも略式とされています。一方モーニングコートは、その名のとおり本来午前中の礼装です。したがって、原則的には夜間は着用しません。ただし、現在の日本では、これらの服を時間帯によって使い分けをするような慣習はあまり見られず、昼夜いずれにも用いられています。

「角隠《つのかく》し・綿帽子《わたぼうし》」日本髪花嫁姿のかぶり物

意味

角隠し……花嫁が頭を覆う形でかぶる帯状の布。
綿帽子……花嫁が頭の上から額《ひたい》辺りまでやや深めにかぶる布。

日本の女性には、やはり結婚式には白無垢《しろむく》や色打掛《うちかけ》を着てみたいと思う人が多いようです。さらに、「豪華な和装をするからには、それにぴったりの髪形も整えたい」と考えるのは人情です。近ごろは着物に洋髪というスタイルも多いようですが、和装にはやはり日本髪が人気です。角隠しと綿帽子はその日本髪による花嫁姿を象徴するものです。なお、角隠し・綿帽子ともに挙式のときのみつけるもので、披露宴では外すのが一般的です。

角隠し　文金高島田《ぶんきんたかしまだ》と呼ばれる高いまげを結った髪の上に帯状に巻く布のことです。さらにかんざしをつけることで凛《りん》とした風格のある日本髪となります。白無垢・色打掛・黒振袖などの花嫁衣装に合わせることができます。

綿帽子　文金高島田を結った頭の上から額辺りまでをすっぽりと覆いかぶせる布のことです。真綿を薄く引き伸ばして大きな丸型や舟型にデザインされているのが特徴で、花嫁のか

わいらしく控えめな姿を演出します。角隠しとは違い、白無垢だけに合わせることができる特別な装いです。

いわれ　**角隠し**　江戸時代後期から明治初期にかけて広まった風習とされています。怒りを象徴する「角」を隠すことによって、従順でしとやかな妻となれるようにとの意味が込められています。

綿帽子　室町時代後期以降女性の外出時の防寒用としてかぶられていたもので、それが徐々に婚礼用のかぶり物として使われるようになったとされています。挙式が終わるまで花嫁は新郎以外の人に顔を見られないようにという意味が込められ、ういういしさや奥ゆかしさの象徴となっています。

「結婚式《けっこんしき》」 門出の確認と祝福のセレモニー

意味

婚姻の成立を確認するための儀式。

婚約が整い結納も終え、いよいよ待ちに待った結婚式です。ところで、結婚式と披露宴をごっちゃに考えている人も多いようですが、結婚した二人を晴れやかにお披露目《ひろめ》するパーティーが披露宴であるのに対し、その前に行われる結婚式は、婚姻の成立を列席者とともに確認し合う厳かな儀式なのです。

かつての日本では、結婚式は多くが新郎などの自宅で行われていました。それが近年になってキリスト教式・神前式・仏前式・人前式などから自由に選択されるようになり、場所もホテルや結婚式場が主流となってきました。さらに、最近では婚姻届だけを出す「ナシ婚」と呼ばれるものが増加傾向にあるともいわれています。

結婚式の形と特徴

キリスト教式　教会で神に結婚を誓い、愛の証に指輪を交換します。日本におけるキリスト

教徒は全人口の一%程度とされているにもかかわらず、ウエディングドレスにあこがれる女性の支持のもと、現代の結婚式の六割はこのキリスト教式だともいわれています。

神前式 神社などの神前で挙げる結婚式で、三三九度や玉串奉奠《たまぐしほうてん》・雅楽など日本古来の伝統美が印象的な挙式スタイルです。

仏前式 一度結婚すると来世でも縁が結ばれるという仏教の教えに基づき、仏の前で二人の結びつきを誓います。

人前式 通常神仏に誓う結婚を、列席者に誓います。場所や宗派を問わずオリジナルなプランで行うのがこの方式の特徴です。レストランや船上など好きな場所を選べる自由度の高さが好まれます。

「三三九度《さんさんくど》」夫婦となる二人の誓いの儀式

意味

日本風の神前結婚式で夫婦の約束を固めるための儀礼。新郎新婦が、三つ組の盃《さかずき》で、それぞれ三杯ずつ合計九度酒を飲み交わすこと。

日本では、古来より、盃を用いて酒を酌み交わし、連帯感を強めたり、人間関係を確認したりする習慣がありました。これらの儀式は、盃事《さかずきごと》といって魂の力を分け合い、約束事を誓い合うもので、戦国時代の出陣・帰陣の際にも「三献《さんこん》の儀」として行われていました。代表的な盃事としてその伝統を受け継いでいるのが、結婚式の「三三九度」です。以前は、家族・親戚・地域との結びつきを確認し、強固にする重要な儀式でしたが、現在では、結婚する二人の誓いの儀式として行われます。

「三三九度」の手順

① 三つ組の盃のうちの小盃を新郎が受け取り、巫女《みこ》にお神酒《みき》を三度に分けて注いでもらい、一口目、二口目は口をつけ、三口目に飲み干します。そして新婦も同様に行います。

② 次は、中盃を新婦が受け取り、小盃のときと同様に三度に分けて注いでもらったお神酒

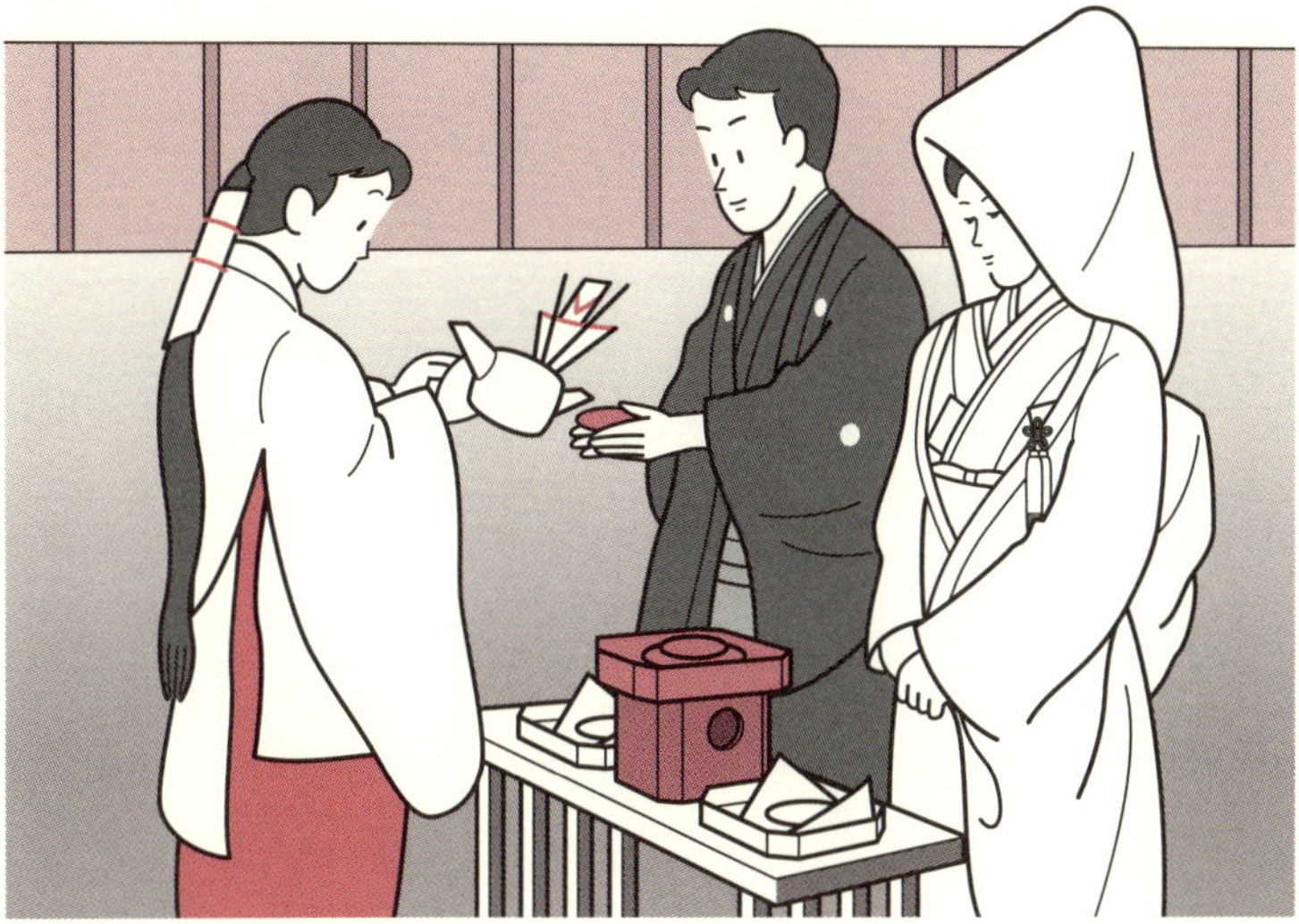

を三度に分けて飲み干します。新郎も同様に行います。

③ 最後に、大盃を新郎が受け取り、小盃のときと同様の儀式を新郎・新婦の順で行います。

いわれ 「三三九度」は、室町時代の武家の礼法がもととされ、江戸時代に庶民に広がって婚礼の儀式として行われるようになりました。

「三三九度」の回数は、古代中国の数字信仰に由来するといわれています。奇数は陽数、偶数は陰数といわれ、陽数は縁起がいいとされました。さらに陽数を三回重ねるのは、よりめでたいと、婚礼のときに三つの盃で飲み交わすようになりました。

「披露宴《ひろうえん》」新郎新婦のお披露目《ひろめ》の宴

意味

親戚・知人・友人など多くの人を招いて、結婚を発表するための宴。

結婚式を終えて、新郎新婦をお披露目する宴会が披露宴です。昔は、新郎の家で、親戚・知人・友人などを招いて行われていました。当時は家どうしの結びつきが強く、「嫁入り婚」が基本的な形態でした。同時に、地域との結びつきも強く、披露宴の翌日には、新婦のお披露目のために近所にも挨拶をして回り、息子の嫁として認知してもらっていました。終戦まで、こうした形態が続きました。

現在は、「両性の合意」が結婚の基本ですから、新婦が新郎の家に入るという形はとらず、独立した新しい家族をつくるという意味をもつようになりました。したがって、両家を祝うというよりも、新郎新婦二人の門出を盛大に祝うようになり、結婚式よりも披露宴のほうが重要視されるようになりました。婚家で行われていた披露宴は、ホテルや結婚式場で行われることが多くなり、たくさんの招待客を招いた華やかな宴会になりました。

一方では、華美な宴会や今も残る家意識を嫌って、こじんまりした地味婚も多くなっています。

いわれ

披露宴は、古く平安時代から行われていたようです。当時は、夫が妻の元に通う「妻問婚《つまどい》（通い婚）」だったので、妻側の親の許しを得てはじめて三日間夜を共に過ごしました。三日目に「三日夜の餅」といわれる餅を二人で食べる儀式を行い、その後、親戚や知人に婿をお披露目する「露見《ところあらわし》」という儀式が催されたといわれています。

関連

忌みことばの言い替え

・ケーキを切る→ケーキにナイフを入れる
・披露宴を終える→披露宴をお開きにする

「お色直《いろなお》し」 会場の雰囲気を華やかに切り替える

意味

結婚式が終わったあと、あるいは披露宴の途中で、新婦が席を外し、新しい衣服に着替えて再登場すること。

「お色直し」は、海外ではあまりお目にかかれない、日本独特の風習といわれています。昔、結婚式は神前で行う神聖な儀式とされ、花嫁は清純を表す白無垢《むく》で式に臨み、披露宴では色打掛《うちかけ》に着替えて登場するという形でした。

現在でもこの風習は残り、披露宴を中座して色物に着替えてふたたび宴に入場するということが行われています。キリスト教式結婚式では、純白のウエディングドレスからカラードレスに着替えるというのが一般的です。また、もともと「お色直し」は花嫁だけでしたが、現在では花婿も着替えるようになってきました。

花嫁が白無垢から色打掛に色直しをするのは、「白からどんな色（婚家の家風）にも染まります」の意味が込められ、三日目にはじめて色物に着替えるのを許されたといわれますが、昔は厳かな神事と考えられていたようです。

「お色直し」は、宴会場の雰囲気を一瞬に切り替える効果があり、花嫁の休憩の時間をつくるという役割も果たしています。

いわれ　「お色直し」は、古くから行われていて、室町時代には「しきたり」として定着していました。結婚式当日と二日目までは花婿・花嫁は白装束を着用し、三日目に色直しとして色物に着替えて、両親に対面したといわれています。江戸時代には、この「色直し」が結婚式当日に行われるようになり、その習慣が現在にも引き継がれています。

関連語

色打掛　白無垢に対して、吉祥文様《きっしょうもんよう》を織りだした綸子《りんず》や緞子《どんす》に金銀の刺繍《ししゅう》をほどこした絢《けん》爛《らん》豪華な打掛。

「三国一《さんごくいち》」世界でいちばん立派な花嫁・花婿

意味

日本・中国（唐土《もろこし》）・インド（天竺《てんじく》）の三つの国の中で第一であること。また、世界一であること。

現代の結婚式ではめったに耳にしないことばに、「三国一の花嫁」「三国一の花婿」があります。これらのことばは、花嫁・花婿に対するほめことばとして使われてきました。「世界でいちばん美しい花嫁」「世界でいちばん立派な花婿」という意味です。「三国」がどの国を指すかというと、日本・中国・インドの三国を指しています。

このことばがはじめて使われたのは、室町時代で、当時の流行語だったといわれています。十六世紀半ばにポルトガル人が種子島《たねがしま》に漂着するまで、ヨーロッパ人との交流はありませんでしたから、かつての日本人の意識には、外国といえば文化的影響力の強かった中国やインドしかなく、日本を含めての「三国一」といえば「世界一」という意味をもちました。

安土《あづち》桃山時代にヨーロッパ人がキリスト教を伝え、鎖国政策をとった江戸時代にあっても長崎出島のオランダ商館を通して、日本人の世界観は大きく変わったはずですが、「三国一」

ということばは生き続け、祝言をあげるときのほめことばとして、つい最近まで使われていました。

いわれ

『義経記』に「実にわが朝の事は言ふに及ばず、唐土・天竺にも主君に志ふかき者多しといへども、かかる例なしとて、三国一の剛の者といはれしぞかし」とありますが、「三国一の剛の者」がのちに、祝言のときにほめ讃える謡《うたい》のことばの「三国一の花嫁・花婿」に転じ、「世界一」という意味に用いられるようになったといわれています。

関連

十二世紀前半に成立した『今昔物語集』には、天竺（インド）・震旦（中国）・本朝（日本）の一千余もの説話が収められています。

「高砂《たかさご》」夫婦の理想像を謡《うた》う

謡曲（能楽の声楽の部分）の曲名。祝言能として有名で、その一部が婚礼の席でよく謡われます。

意味

「高砂」は、かつて結婚披露宴の定番として謡われていましたが、現在ではほとんどお目にかかれなくなってしまいました。婚礼の様式が時代とともに変わってきたためでもありますが、その内容は、夫婦の愛情が永続することを願うものであり、現在にも通じるめでたいものです。

よく謡われるのは、能楽『高砂』の中の一部で、次のような謡いです。

「高砂や　この浦舟に帆を上げて　この浦舟に帆を上げて　月もろともに出汐《いでしお》の　波の淡路《あわじ》の島影や　遠く鳴尾《なるお》の沖過ぎて　はや住吉《すみのえ》に着きにけり　はや住吉に着きにけり」

その内容は、松の精である老夫婦が、阿蘇《あそ》の神主に、高砂（兵庫）と住吉（大阪）の名松が「相生《あいおい》の松」と呼ばれるいわれなどを語ったあと、身分を明かして小舟とともに消えていきます。そして、神主も舟を出して松の精を追い、住吉に辿《たど》り着いたというものです。

この舟の上で一行が「高砂や…」と謡ったのが右の謡いです。

いわれ 『高砂』は、室町時代に書かれた『申楽談儀《さるがくだんぎ》』の記述から、世阿弥《ぜあみ》の作といわれています。今から約六〇〇年前に書かれた能です。世阿弥は、長寿の象徴とされる「松」から夫婦愛・相老《あいおい》（共に仲睦まじく歳をとること）を連想して書いたとされます。

関連 **夫婦の情愛が深いことを表すことば**

・連理の枝／比翼の鳥（白居易《はくきょい》「長恨歌」の一節）
・鴛鴦《えんおう》の契り（おしどりの仲のよさから）
・偕老同穴《かいろうどうけつ》（共に老い、同じ墓穴に入ること）
・お前百までわしゃ九十九まで

「キリスト教式結婚式《きょうしきけっこんしき》」神の前で愛を誓う

意味

ベールダウンセレモニー……母親が花嫁のウエディングベールを下ろして、結婚式へと送り出す儀式。

バージンロード……教会の入り口から祭壇まで、花嫁が歩く通路、または通路に敷かれた布のこと。和製英語。

ブーケトス……結婚式を済ませた花嫁が、後ろを向いて未婚女性にブーケを投げる儀式。

キャンドルサービス……新郎新婦がゲストの卓のろうそくに灯りをつけて回る儀式。

キリスト教式結婚式は、純白のウエディングドレスが美しく映える教会で厳かに行われることから、結婚式を挙げる人たちの人気を博しています。新郎新婦の両方が信者でない場合は、前もって教会を訪ね結婚の心得を聞かなければなりませんが、ホテルや結婚式場に設置されているチャペルで気軽に挙げるという方法もあります。

【ベールダウンセレモニー】 花嫁のベールを下ろすというのは、娘に対する母親の最後の役目という意味があり、「おめでとう。幸せに」という母親の願いが込められています。
【バージンロード】 教会の入り口から花嫁と父親が腕を組んで入場し、バージンロードを祭壇まで父親のエスコートで進み、新郎に花嫁を託します。正しい英語ではウエディングロード、またはアイルといいます。
【ブーケトス】 花嫁が後ろ向きに投げたブーケをキャッチした女性が、次の花嫁になれるといわれています。幸せをもらうことができるという演出で、挙式後の定番です。
【キャンドルサービス】 キャンドルの光は、温かな家庭を象徴しています。教会で行われていたキャンドルミサに由来します。

「引《ひ》き出物《でもの》」 披露宴招待客へのお土産

意味 結婚披露宴などに招待したお客に対して、新郎新婦から贈られるお返しの品物。

結婚のお祝いに来てくれた招待客に、感謝の気持ちを込めて新郎新婦が贈るのが「引き出物」です。引き出物には、招待客にお土産として受け取ってもらい、披露宴に参加できなかった人々にも、二人の幸せのおすそ分けをしたいという気持ちが込められています。

宴席に招待したお客に、招待者から品物を贈るという習慣は、古くからあったようです。江戸時代には、日持ちのよい鰹節《かつおぶし》や縁起のよい焼いた鯛《たい》、鯛をかたどったお菓子の落雁《らくがん》などが引き出物とされていました。

現在では、鯛の形をした大きなかまぼこや食器・花瓶などかさばる品物から、バウムクーヘンやショコラなどの持ち帰りやすい品物に変わってきました。さらに、好みの品物をあとで選べるカタログギフトを用意することも多くなってきました。

いわれ　平安時代に、馬を小屋から庭に引き出してお土産として贈ったという記録が残っています。価値ある物を惜しげもなく贈ったことになります。これが「引き出物」ということばの由来とされています。

当時の贈り物は、馬だけではなく、鷹《たか》や犬、あるいは衣服などの場合もあったようです。その後、武士の世になると、馬の代わりに武具や金品などさまざまな物を贈るようになりました。

関連　「引き出物」はお土産ですから、招待客の帰り際に渡すのが本来の形で、披露宴が始まる前から椅子の上に置くのは正しい形とはいえません。しかし、今はそれを各自が足元に置いておくことがふつうになりました。

「銀婚式《ぎんこんしき》・金婚式《きんこんしき》」人生の節目の記念日

意味

銀婚式……夫婦が、結婚後二十五年目を祝う式。
金婚式……夫婦が、結婚後五十年目を祝う式。

日本で結婚記念日を祝う習慣が普及したのは、比較的最近のことです。本来、夫婦が基本単位と考える欧米の習慣ですから、家としての絆《きずな》を重視してきた日本人にはなかなか定着しませんでした。

結婚記念日は、一年目の「紙婚式」から六十年目（アメリカでは七十五年目）の「ダイヤモンド婚式」まで二十四回あります。十五年までは一年ごと、あとは五年ごとに名前が付いており、その名前にちなんだ贈り物をして、お祝いをします。なかでも夫婦の絆が年齢を重ねるごとに深まり強くなるということから、結婚二十五年目の銀婚式と結婚五十年目の金婚式は、大きな節目として盛大にお祝いをします。

ところで、いつをもって結婚記念日というのでしょうか。結婚式を挙げた日、あるいは婚姻届を提出した日といろいろ考え方があるようです。現在は、さまざまな結婚の形がありま

すので、二人の意見が一致する日が結婚記念日となります。

いわれ　結婚記念日を祝う風習は、イギリスが発祥といわれています。当初は、結婚五年、十五年、二十五年、五十年、六十年の五回だけだったものが、風習がアメリカに伝わって、十二回から二十四回と祝う回数がだんだん増えていきました。

日本では、一八九四年、明治天皇が「大婚二十五年祝典」という銀婚式のお祝いをしたことが結婚記念日のはじめとされています。

関連　**その他の記念日**　一月三十一日…愛妻の日、二月二日…夫婦の日、四月二十二日…良い夫婦の日、十一月二十二日…いい夫婦の日

コラム2　忌みことば

「忌みことば」とは、特定の場面において使用することを避けることばのことです。特に縁起が悪いとされることば、死や病に関することばなど、不吉なことがらを連想させることばは避けられます。

【婚の忌みことば】

〈別離を連想させることば〉

別れる、切れる、離れる、帰る、終わる、破れる、割る、去る、飽きる、捨てる、壊れる、消える、降りる、枯れる、嫌う、薄い、疎遠、浅い、憂い、ほどける、裂ける、放す、おしまい　など

〈再婚を連想させることば〉

戻る、繰り返す、繰り返し、再び、再度、二度、二回　など

〈不幸・不吉を連想させることば〉

痛い、負ける、病む、冷める、倒れる、忙しい、滅ぶ、死ぬ、亡くなる、四、九、焦る、敗れる、散る、悲しむ、無くす、褪《あ》せる、衰える、短い、逝く、涙、相次ぎ　など

【葬の忌みことば】

〈不幸の重なりを連想させることば〉

たびたび、かえすがえす、いろいろ、またまた、しばしば、次々、いよいよ、重々、わざわざ、たまたま、重ね重ね、再々、くれぐれも　など

〈不幸が続くことを連想させることば〉

追って、再び、続く、なお　など

〈直接表現のことば〉

死亡、死ぬ、生存、生きる　など

〈仏式葬儀での忌みことば〉

浮かばれない、迷う　など

第3章

「葬」のことば

「危篤《きとく》」今にも死にそうで一刻を争う

意味

病気が非常に重く、生命が危険な状態。

「危」はあぶない、「篤」は病気が重いことを意味し、「危篤」とは、文字どおり、単に病気が重いだけでなく、いよいよあぶないという切迫した状態のことをいいます。

関連

危篤を告げられたら　医師から危篤状態と告げられたら、最後に会わせてあげたい人たちに急いで連絡します。一般的には、配偶者、子ども、両親、兄弟姉妹、孫などの三親等内の近親者、場合によってはごく親しい友人などです。

電話があまり普及していない時代は、「チチキトク　スグカエレ」などと電報を打ちましたが、現在は電話での連絡になります。一刻を争うときですので、早朝や深夜であっても相手に失礼にはなりません。挨拶や病状の説明などは必要なく、だれが危篤なのか、どこ（病院、自宅）に来てほしいのか、の要点だけを伝えます。

危篤の連絡を受けたら　危篤の連絡を受けたときは、細かいことは聞かず、どこに行けばよいのか場所の確認にとどめて、とにかく急いでかけつけるようにします。通常の病気見舞いとは違いますから、お見舞い品を持っていく必要はありません。お見舞い品を用意する時間もありませんし、また持っていくと前々から準備していたようにも受け取られます。服装も、華美な服装を避ければ、通常の服装で問題ありません。

関連語

重体　危篤ほどではないが病状がかなり重い状態。

重篤　病状が非常に重く、生命に危険が及ぶ状態。

「臨終《りんじゅう》」医師が家族に告げる

意味

人の命が、まさに終わろうとしている間際。死にゆく際。また、死。

「臨」は「のぞむ」「目の前にする」を意味します。「臨終」とは、命の終わり（すなわち死）にのぞむということです。

いわれ

「臨終」とは、もと仏教語で、仏説阿弥陀《あみだ》経などに出てくる「臨命終時《りんみょうしゅうじ》」を略した語です。そのことばのとおり、「命が終わりに臨むとき」つまり、命がまさに終わろうとしているときのことをいいました。現在では、病院などで人が亡くなったときに「ご臨終です」といわれることから、死そのものの意味に用いられることも多くあります。

臨終をめぐっては、死を受け入れ、死を看取るため、さまざまな慣習や文化が生み出されてきました。たとえば、十五世紀のヨーロッパでは、臨終を迎えたとき、キリスト教徒としていかに死ぬか、どのようにふるまえばよいのか、を説いた『往生術（アルス・モリエンデ

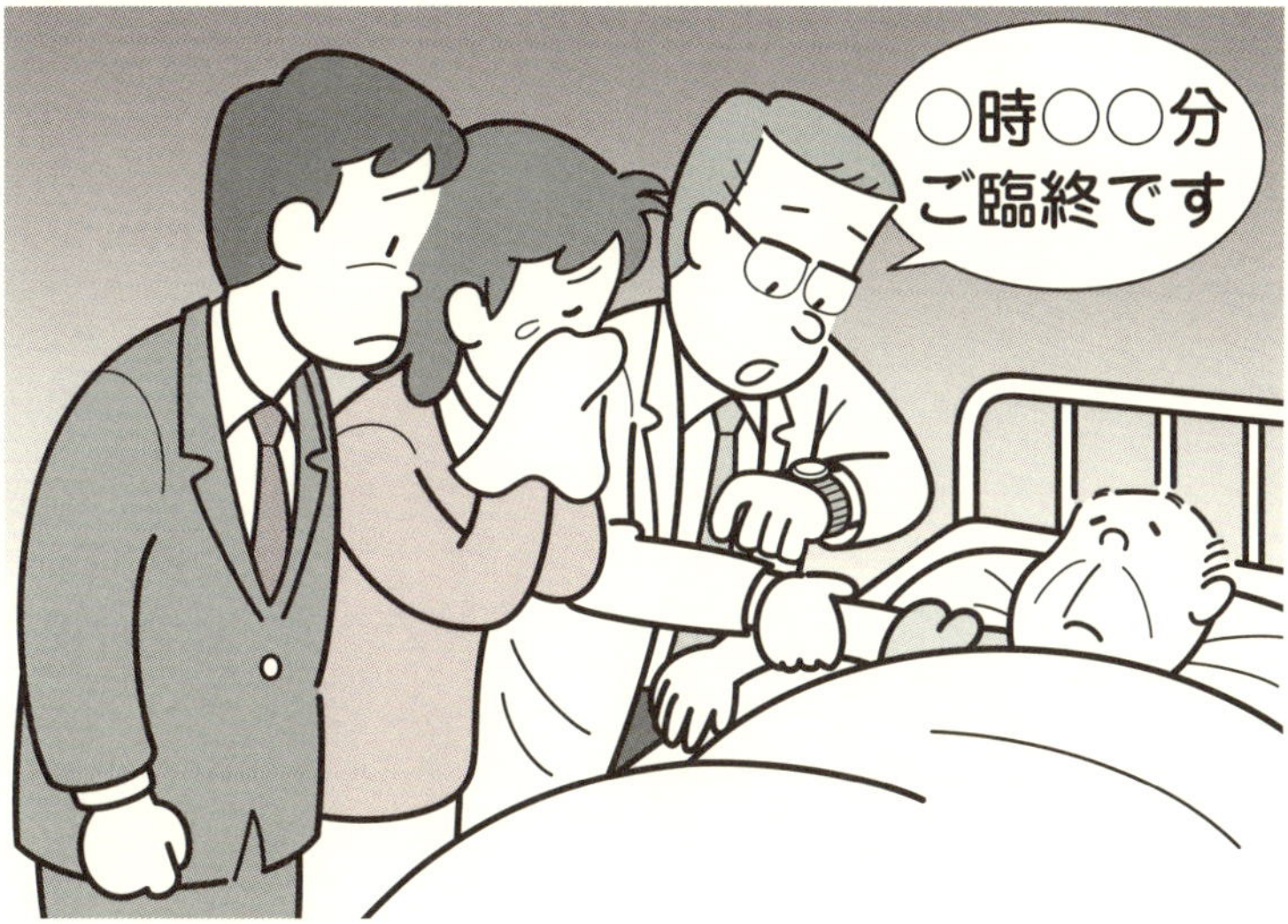

イ）』という書物がつくられました。日本では、平安時代に源信が『往生要集』を著し、その巻中の「臨終の行儀」で臨終時の心得を説いています。

関連

臨終の儀式　仏教や神道では、「末期《まつご》の水」といって、臨終の人の口元を水でうるおします（次項を参照）。キリスト教では、「末期の水」はなく、カトリックでは、神父が死に臨んだ人の顔と両手に聖油で十字をしるす「終油の秘蹟《ひせき》」とキリストの血と肉を表す赤ワインとパンで唇を湿す「聖体拝領」を行います。プロテスタントでは、「聖餐《せいさん》式」といって、牧師がパンと赤ワインで唇を湿します。

類語　今際《わ》の際《きわ》・最期・死に際・死に目・終焉《しゅうえん》・断末魔・末期

「末期《まつご》の水《みず》」死に際に口元をうるおす

意味

息を引き取った人の口元を水でうるおすこと。「死に水」ともいいます。

「末期」とは「臨終、死に際」のことで、かつては臨終の間際に、死にかけている人の口元を、この世における最後の水でうるおしました。現在では、息を引き取った後に、近親者が、新しい筆や箸《はし》にまいた脱脂綿に水を含ませて、亡くなった人の口元を軽く湿らせます。「末期の水をとる」「死に水をとる」といいます。

これには、水を与えることでもう一度蘇《よみがえ》ってほしいという願いや、亡くなった人が渇きに苦しまず安らかにあの世に行けるようにという祈りが込められていると考えられます。

末期の水は、最初に配偶者、次に子ども、両親、兄弟姉妹……といったぐあいに血縁の深い人から順に行います。亡くなった人が使っていた茶碗《ちゃわん》に水を入れ、新しい筆か、箸にまきつけた脱脂綿にその水を含ませて、亡くなった人の唇を湿らせます。地域によっては、樒《しきみ》や鳥の羽を使って行うこともあります。

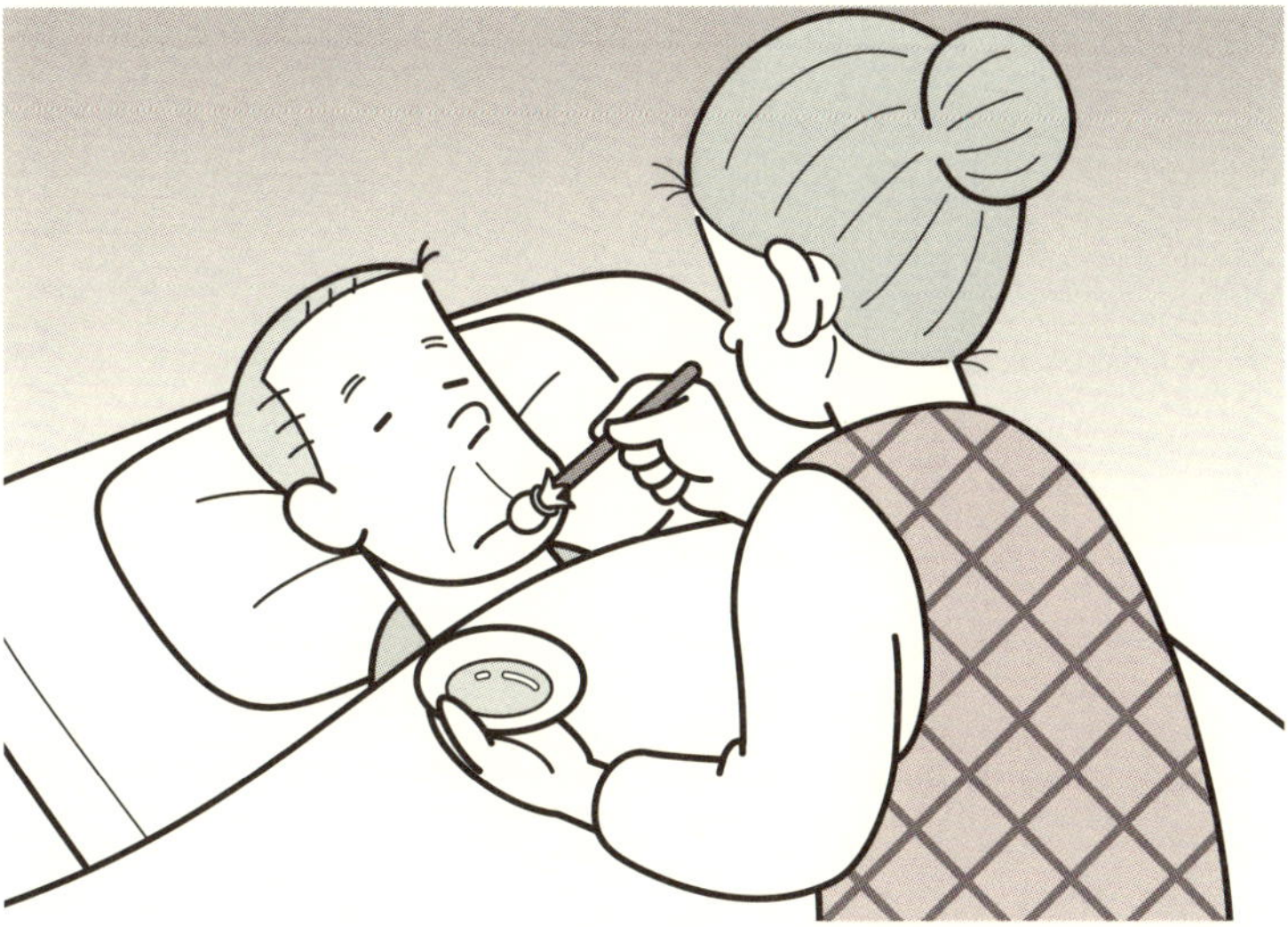

いわれ お釈迦《しゃか》様が亡くなるとき、のどがかわいたので水がほしいと弟子に頼みましたが、きれいな水がなくて飲めませんでした。そのとき、信心の篤《あつ》い雪山の鬼神が清らかな水を鉢に入れて捧げ、お釈迦様は安らかに入滅できたとのことです。仏典にあるこの話が「末期の水」の由来とされています。

関連

死に水をとる　死に際に水を飲ませるという意味から転じて、「死ぬまで人の面倒を見る」という意味にも使われます。

神道とキリスト教では　神道では榊《さかき》の葉に水をつけて行います。キリスト教では、「末期の水」はなく、パンと赤ワインで唇を湿す「聖体拝領（聖餐《せいさん》式）」が行われます。

「湯灌《ゆかん》・死装束《しにしょうぞく》」遺体を清めて着せかける

意味

湯灌……遺体を湯で洗い清めること。
死装束……死者の身につけさせる装束のこと。

「灌」は水を注ぎかけるという意味があり、死者の身体を湯で洗い清めることを「湯灌」といいます。湯灌に使う湯は、通常熱い湯に水を加えて適温にするのに対して、水に熱い湯を注いで適温の湯にした「逆さ水」が使われます。かつては近親者の主として男が死者をたらいに入れ、柄杓《ひしゃく》で湯をかけて行い、使った湯は床下など日のあたらない場所に捨てました。近年は、葬祭業者によって行われることが多くなっています。

湯灌で清められた遺体には死装束を着せます。仏式では、白い麻または木綿の経帷子《きょうかたびら》を着せ、手に手甲《てっこう》、足に脚絆《きゃはん》をつけ、白足袋《たび》と草履《ぞうり》をはかせます。そして、三途《さんず》の川の渡し賃の六文銭を入れた頭陀袋《ずだぶくろ》をかけ、数珠《じゅず》、杖《つえ》、菅笠《すげがさ》をもたせ、額に三角布をつけます。近年では、故人の愛用していた着物や洋服を着せるなど、白装束にはこだわらなくなってきています。また、神道やキリスト教では、特別の死装束はありません。

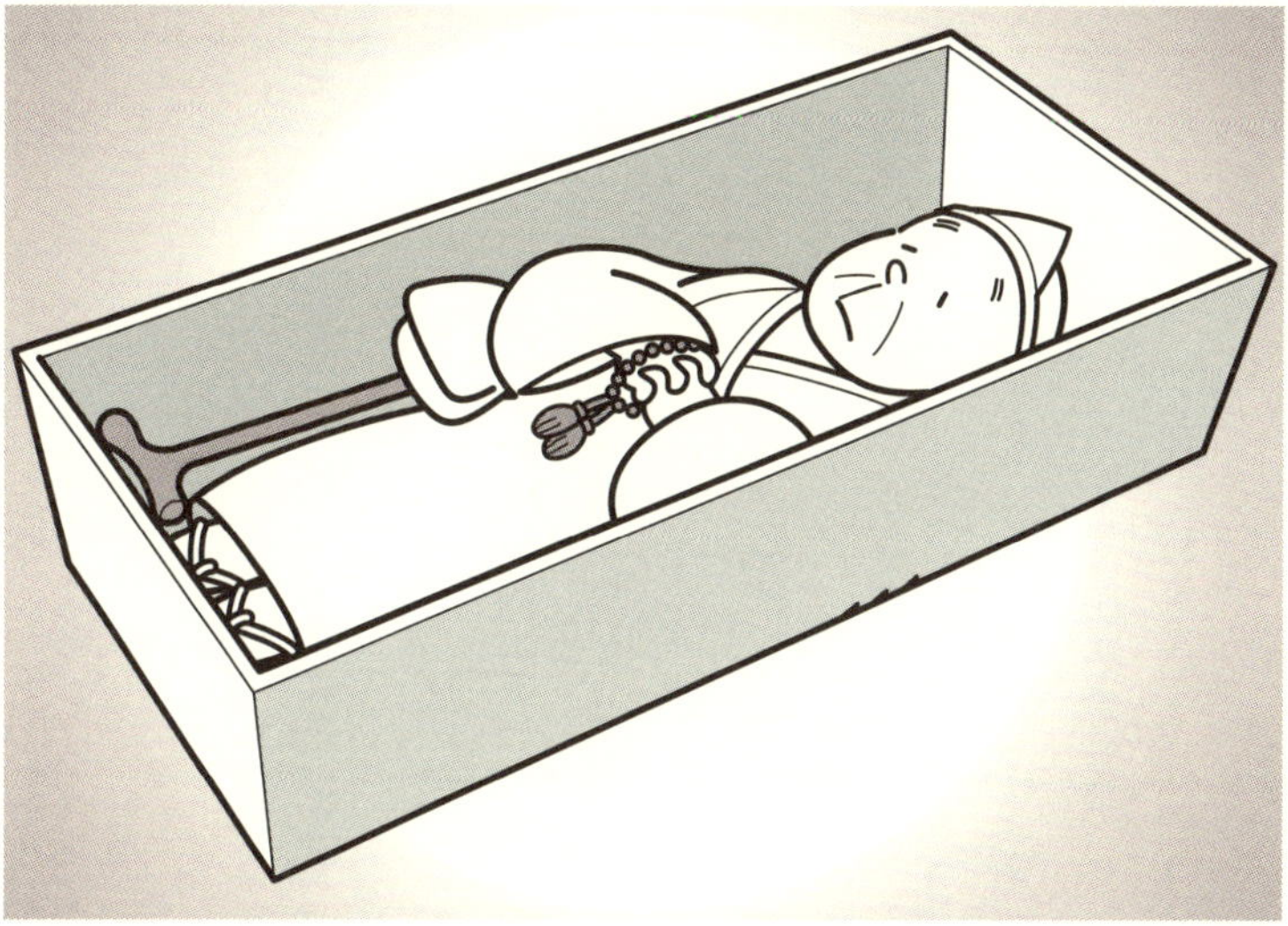

湯灌のいわれ

この世の汚れを洗い清めてあの世に旅立つという意味と、赤ん坊が生まれたときに産湯《うぶゆ》をつかわせるように、新たに生まれ変わる故人の安らかな来世を願うという意味があるといわれます。

死装束のいわれ

仏式では、死者は浄土へ旅立つということから、巡礼の旅装束になっています。経帷子は、白の麻または木綿の単衣《ひとえ》で、縫い目の糸を止めず、着せるときは通常とは逆の左前に着せます。これは、あの世で生者と死者を見分けるためといわれます。また、額につける三角布は、閻魔《えんま》大王に会う際の烏帽子《えぼし》という説、山伏のかぶる兜巾《ときん》に由来するという説など、いろいろな説があります。

「北枕《きたまくら》」頭を北にして死者を安置する

意味

頭を北に、足を南に向けて寝かせること。

遺体を清めて死装束《しにしょうぞく》に着替えさせた後、部屋に安置しますが、このとき、遺体の頭を北に、足を南に向けて寝かせ、仰向けの状態で手を胸の上で組ませます。掛布団を逆さにしてかけ、顔は白布で覆います。枕元には逆さ屏風《びょうぶ》を立て、魔よけとして刀や刃物を胸の上に置く場合もあります。このように遺体を北枕に寝かせることを「枕直し」といいます。

いわれ

釈迦《しゃか》が入滅するとき、沙羅双樹《さらそうじゅ》の間に弟子の阿難が床を敷き、釈迦は北枕で顔を西に向け、右側を下にした横向きの「頭北面西右脇臥《ずほくめんさいうきょうが》」とよばれる姿勢で入滅したという故事（『大般涅槃経《だいはつねはんぎょう》』）が由来とされます。

しかし、遺体は北枕にしますが、仰向けに寝かせますので、「頭北」のみで「面西右脇臥」にはなっていません。

関連

北枕は健康的？ 北半球では、北から南へと流れる磁力線が生じ、北枕で寝ると磁力線が身体に沿っていることから血行がよくなって熟睡でき、疲労も取れるという説があります。また、北は寒冷、南は温暖であることから、北枕は「頭寒足熱」の理にかなっているという説もあります。

枕飾り 遺体を北枕に寝かせた後、枕飾りをします。遺体の枕元または横に白布をかけた小机を置き、三具足《みつぐそく》（燭台《しょくだい》・香炉・花立）と鈴《りん》を置いて、燭台にろうそく一本、香炉に線香一本、花立に樒《しきみ》一本を立てます。ろうそくと線香には火をつけ、枕飯《まくらめし》と枕団子、水を供えます。

枕経 死者の枕元で行う読経のこと。

「枕飯《まくらめし》」 死者の枕元に供える

意味

死者の枕元に供える茶碗《ちゃわん》に盛り切りにした一膳飯。

枕飯は、故人が使っていたご飯茶碗に摺《す》り切り一杯分の米を量り、別釜で炊きます。炊いたご飯は、故人の茶碗に残さず山盛りに盛りつけ、箸《はし》をご飯に突き立てて死者の枕元に供えます。食卓でご飯に箸を突き立てるのは「縁起が悪い」とされますが、死者に供える枕飯と見なされるからです。

枕飯は、葬儀のときに半紙などに包んでお棺の中に入れ、使った茶碗は割ります。生前使用していた茶碗を割ることによって、迷わず成仏《じょうぶつ》してもらうための決別を表すとも、この世で形を失ったものはあの世で形を得るからともいわれます。

いわれ

「枕飯」を供えるようになった由来には、昔は白米が貴重だったので白米を供えることで故人がよみがえることを願ったという説、あの世への旅路の弁当という説、亡く

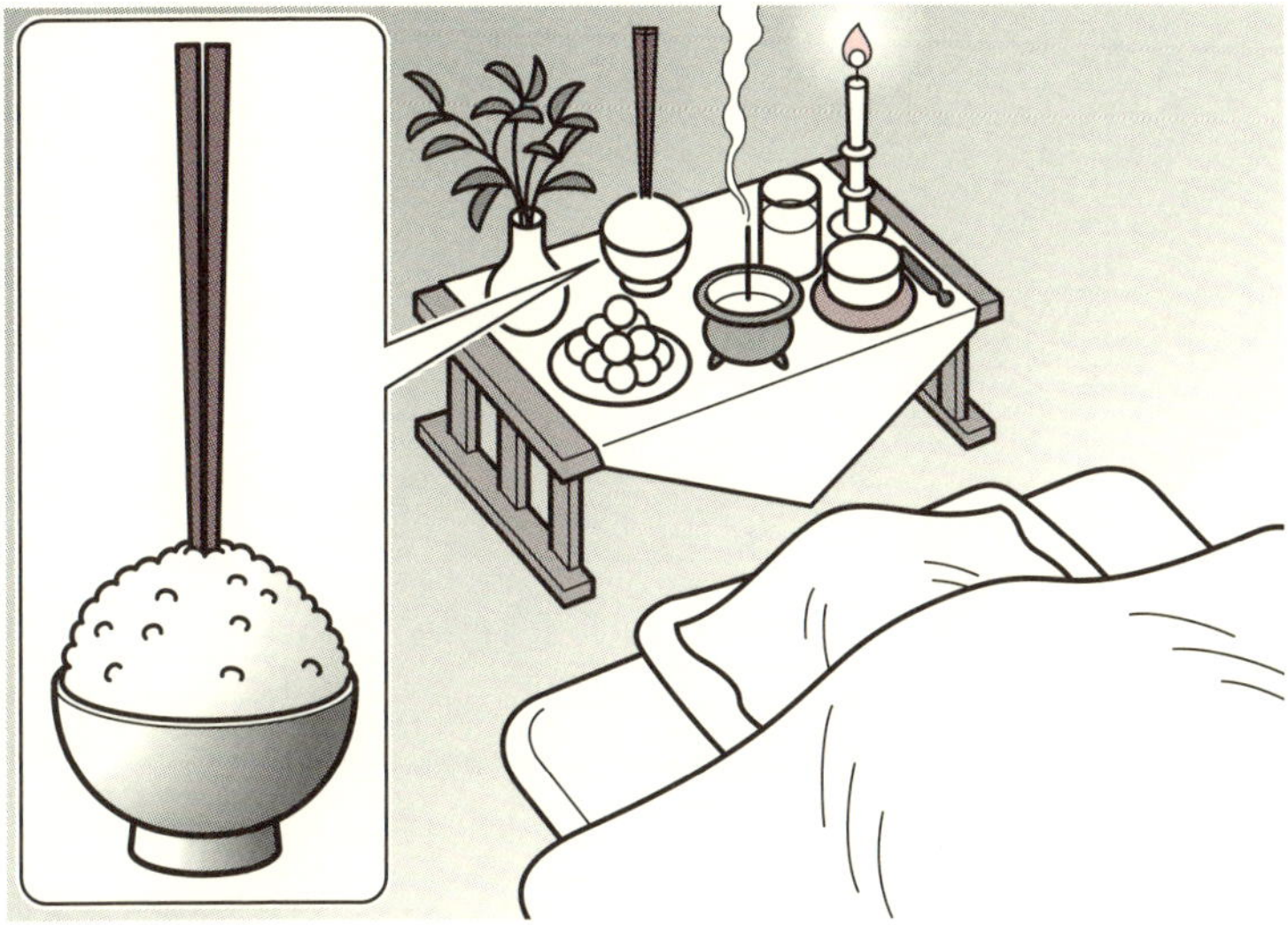

なると魂はすぐに善光寺参りに行くのでその弁当という説など、諸説があります。

関連語

枕団子 枕飯といっしょに死者の枕元に供える団子のことで、上新粉（米の粉）でつくります。枕団子は、六道《りくどう》（地獄、餓鬼《がき》、畜生、修羅、人間、天上）を象徴して六個を供えるのが一般的ですが、地域によっては十一個、十三個（十三仏）、四十九個（四十九日）と供える数は異なります。枕飯と同じいわれがあります。

一膳飯 茶碗に一膳だけ盛り切りにした飯のことで、二度と戻らないという意味があり、昔は一膳だけで食事を終えることを忌み嫌いました。

「弔問《ちょうもん》・弔電《ちょうでん》」遺族にお悔やみを述べる

意味

弔問……死者の遺族を訪問してお悔やみを述べること。
弔電……お悔やみの電報。

「弔」には、死者の霊をなぐさめる意味と、遺族を見舞ってお悔やみを述べる意味とがあります。

死亡の知らせを受けたとき、親族や親しい間柄の人は、とりあえずすぐに弔問にかけつけます。この場合、遺族にお悔やみを述べたあと、手伝いを申し出ます。手が足りているようであれば、「改めてお通夜に伺います」と挨拶して、短時間で辞去します。

一般的な付き合いの人は、通夜や告別式に参列して、弔意を表します。親しい間柄でも、やむを得ない事情で弔問できない場合は、家族などが代理として出向くこともあります。

通夜や告別式に参列できない場合は、弔電を打ちます。

弔電は、葬儀に間に合うように打ちますが、送り先は葬儀が営まれる場所（自宅で営まれるなら喪家、斎場などであればその斎場気付）にし、宛先は喪主宛にします。喪主の名前がわ

からない場合は、「○○様　ご遺族様」のようにして、故人のフルネームを書きます。

関連

お悔やみのことば　弔問では遺族に対する思いやりが大切です。気持ちを込めて弔意を伝えますが、ことばは少なめにしておきます。たとえば、「このたびは誠にご愁傷様です」「さぞかしお悲しみのことと存じます」「謹んでお悔やみ申し上げます」など。

お悔やみの忌みことば　不幸が重なることを連想させる「重ね重ね」「返す返す」「再び」「くれぐれも」「たびたび」「いよいよ」「追う」などは避けます。「死ぬ」「死亡」は「ご逝去」と言い換えます。また、神道やキリスト教の場合は、「冥福」「成仏」などの仏教用語は使わないようにします。（⇩92ページ）

「香典《こうでん》（香奠《こうでん》）」死者の霊前に供える

意味

死者の霊前に供える金品のこと。

「奠《てん》」とは供えるという意味で、「香奠《こうでん》」は死者の霊前に香を供えることを意味しています。正式には「香奠」ですが、「奠」の字は常用漢字に入っていないことから、「典」の字が使われるようになったようです。現在では、香典袋に入れた現金を、葬儀（通夜または告別式）に際して遺族に贈るのが一般的になっています。

いわれ

かつては、遺族の負担を軽くするため、米や餅、野菜などの食べ物や酒を持ち寄って葬儀を行い、そこには相互扶助的な意味合いがありました。それが江戸時代ごろから、都市を中心に、高価だった香の代金として金銭を包む香典へと変わってきたようです。

関連

「御霊前」と「御仏前」　仏式では、葬儀のときには「御霊前」、四十九日以後は霊魂が成仏《じょうぶつ》

したとして「御仏前」と書かれた香典袋を用います。神式では「御霊前」「御玉串料」「御榊《さかき》料」、キリスト教式では「御花料」と書かれたものが一般的です。

香典はだれのもの? 香典は死者の霊前に供えられたものですが、この世にはもういませんから、香典として受け取った金品は、遺族（喪主）への贈与とされ、故人の所有=遺産とはみなさないという判例（東京家裁・昭和四四年）が出ています。

香典返し 忌明け（仏式では四十九日以後）のころに、香典への謝意を表すために行うお返しのこと。半返しといって、香典の半額程度が目安になります。いつまでも悲しみが残らないようにという意味で消耗品（茶・菓子など）が多く使われます。

「通夜《つや》」 夜を通して死者との別れを惜しむ

意味

葬儀の前夜に近親者が死者の遺体を守って一晩をあかすこと。また、葬儀の前夜に行われる法要。

「通」とは全体をとおすことを意味し、「通夜」とは、一晩中という意味があります。

現在の通夜は、死者とのお別れの儀式の一つで、葬儀の前の晩に、近親者が死者と最後の飲食を共にし、死者に付き添って別れを惜しみます。しかし、都会では自宅で通夜を行うことが減って、斎場で行うことが増えてきました。だいたい午後六時～七時ごろから始まり、弔問客を迎えて読経や焼香、通夜ぶるまいがあって、午後八時過ぎごろには終了します。近親者も、しばらく死者のそばにいますが、斎場の閉館時間に合わせて、死者を置いていったん家に帰る半通夜が一般的になってきました。

なお、神道では通夜祭、キリスト教では前夜式と呼ぶのが一般的です。

いわれ

釈迦《しゃか》の入滅後に、弟子たちが釈迦の遺体を見守りながら、その教えなどを夜通

し語り合ったということが始まりといわれています。

昔は、一度肉体を離れた霊魂が戻ってくるかもしれないと考え、空になった肉体に悪い霊やほかの魂が入り込まないように、守り刀を置いたり、線香を絶やさないようにしたりして、死者を見守りました。また、現代のように機器を使って死を確認できなかったため、息を引き取ってからもしばらくようすを見て、死を判断したとも思われます。

関連

仮通夜と本通夜　本通夜は葬儀の前日に行われる通夜のことです。亡くなった当日は近親者のみで仮通夜を行い、翌日本通夜を行うのが一般的です。本通夜には、故人の友人や職場関係の人などの弔問も行われます。

「葬儀《そうぎ》・告別式《こくべつしき》」お弔いとお別れ

意味

葬儀……故人をあの世へ送る儀式。

告別式……故人に別れを告げる儀式。


一般的に葬式というと、通夜、葬儀、告別式の三つを含みます。

このうち葬儀は故人を弔う儀式で、宗教や宗派によって形式は異なりますが、故人をあの世へ送り冥福を祈るものです。告別式は、文字どおり「故人に別れを告げる」儀式で、葬儀のあとに行われ、親族や友人、知人などの会葬者と故人との最後の別れとなります。葬儀は宗教的な儀式、告別式は無宗教的な儀式といえます。

一般的な葬式では、通夜の翌日に、葬儀と告別式が合わせて行われます。斎場で行われる場合、「葬儀ならびに告別式を執り行います」というアナウンスがなされることが多く、一つの流れの中で行われますので区別がつけにくいですが、仏式の場合では、僧侶の読経、引導、親族の焼香までが葬儀、一般会葬者の焼香から出棺までが告別式と考えられます。告別式では、弔辞が読まれたり、弔電の紹介があったりします。

故人が有名人の場合、近親者のみで葬儀を行い、後日改めて「お別れの会」として一般会葬者のための告別式を行うこともあります。

関連 **告別式のはじまり** 日本で最初の告別式は、中江兆民（東洋のルソーといわれる明治時代の思想家）の葬儀といわれています。中江兆民は一九〇一（明治三四）年に亡くなりましたが、遺言によって宗教的な葬儀は行われず、そのまま火葬にされました。そこで、その死を悼む人たちによって、埋葬地の青山墓地において無宗教の儀式が行われました。

これが日本で行われた最初の告別式とされています。

「焼香《しょうこう》」

香を焚《た》いて仏や死者に手向ける

意味

葬儀や法要で抹香《まっこう》を焚くこと。

仏式の通夜や告別式では、焼香が行われます。僧侶の読経が続く中で、喪主から始めて血縁の濃い順に行い、近親者のあとで一般会葬者も順番に焼香します。

焼香の作法は、宗派によって違いがありますが、基本は、左手に数珠《じゅず》を持ち、右手の親指・人差し指・中指の三本で抹香（粉末状の香）をつまみ、額に押しいただいてから香炉の炭の上にパラパラと落とします。これを三回繰り返すことが多いのですが、回数（一～三回）や押しいただくか否かは宗派によって異なります。

また、焼香には、立礼焼香、座礼焼香、回し焼香の三つのパターンがあります。立礼焼香は椅子席の式場で行われ、焼香台の前に立って焼香します。座礼焼香は畳敷きの式場で行われ、焼香台の前に正座して焼香します。回し焼香は式場が狭い場合などに行われ、自分の席についたまま、回ってきた香炉を受け取って前に置き（椅子席の場合は膝に置いて）、焼香し

ます。終わったら隣の人に香炉を回します。いずれのパターンでも、焼香の作法は同じです。

いわれ

香の香りで邪気を払って霊前を清め、また自らの心身の穢《けが》れを祓《はら》って清らかな気持ちで故人や仏に祈りをささげるという意味があります。

また、死者は四十九日かけてあの世への旅をするとされますが、この四十九日間の食べ物は食香《じきこう》といって香の香りなので、焼香から始まって、四十九日間は線香を絶やさないようにします。

ほかに、もともとは遺体から出る異臭を消すためという説もあります。

「引導《いんどう》」この世への未練を断ち切る

意味

葬儀において、僧侶が死者に対して仏道の悟りを開いて成仏するように説く法語。

葬儀では、僧侶による読経が行われますが、読経の後、僧侶が棺《ひつぎ》の前に立って法語を読み上げます。この法語を読み上げることを「引導を渡す」といいます。

法語は、七言絶句や五言絶句などの漢文が用いられ、死者の戒名をあげながらその人柄や生涯を述べ、必ず仏の救いにあずかることを説きます。そして、「喝《かつ》」「露《ろ》」「関《かん》」「咄《とつ》」などの一字をもって、ことばでは表現できない仏法の真理を唱えます。この一字のことばを発することで、死者に対して、「この世への未練を断ち切り、悟りを開いて迷わず成仏しなさい」と一喝するのです。

引導の儀式は、もともとは火葬にする直前に行うもので、法語が終わってから火をつけたようですが、現在は葬儀場と火葬場は別にありますから、葬儀の中で引導を渡すようになりました。

いわれ　「引導」とは先に立って導くことを意味し、仏教用語では、人々を仏道の正しい教えに導くことをいいます。ここから転じて、葬儀において、導師の僧が死者に対して悟りを開いて迷わず成仏するように説く法語も「引導」といいます。引導の儀礼が日本でいつごろから行われるようになったかは明らかではありませんが、「引導」の語は平安時代から用いられているようです。

関連　**引導を渡す**　死者にこの世との縁を切らせることから転じて、相手に対して最終的な結論を宣告して、承知させたりあきらめさせたりすることを「引導を渡す」といいます。「今後は一切面倒を見ないぞと引導を渡した」などと使います。

「納棺《のうかん》・出棺《しゅっかん》」 遺体を棺に納めて送り出す

意味

納棺……遺体を棺に納めること。
出棺……遺体を納めた棺を自宅または斎場から送り出すこと。

遺体は、死化粧をして死装束を身に着け、あの世への旅立ちの身支度をした後、遺族の手によって棺に納められます。納棺は、本通夜の前までに行います。最近は葬儀社の人が納棺することが多くなりましたが、本来は遺族が行うものですから、遺族も手を添えたほうがよいでしょう。

通夜、告別式と葬儀が進んで、いよいよ出棺となります。

告別式が終わると、棺を祭壇からおろしてふたを開け、近親者が故人との最後の対面をします。このとき、お別れ花といって、祭壇に飾られていた生花を棺に入れ、遺体を花で囲みます。故人との別れが済んだ後は、棺にふたをしてくぎ打ちが行われます。くぎ打ちは、喪主から始めて、近親者が順に小石を使ってくぎを打っていきますが、近年は形式的に、一本のくぎを遺族が順番に打つことが多くなっています。

棺は、複数の男性の手で、遺体の足のほうを先にして運び出し、霊柩車《れいきゅうしゃ》に乗せます。そして、火葬場へと出発します。

関連

棺の歴史　日本では、古墳時代から平安時代ごろまでは遺体を寝かして納める寝棺で、鎌倉時代ごろから遺体を座った形で入れる座棺（いわゆる棺桶《かんおけ》）が多くなり、地域によっては第二次世界大戦前まで使われていました。現在は、寝棺が一般的に使われています。

棺《かん》と柩《ひつぎ》　遺体が入っていないものを棺、遺体が納められたものを柩とする説もありますが、棺を「ひつぎ」と読んだり、柩を送り出すことを「出棺」といったりしますから、区別は明確ではありません。遺体を納めた柩を霊柩といい、これを乗せる車が霊柩車です。

「火葬《かそう》・骨《こつ》あげ」遺体を焼却し遺骨を拾う

意味

火葬……遺体を焼却して骨にする葬法。
骨あげ……火葬後の遺骨を拾い上げて骨壺《こつつぼ》に納めること。

葬儀・告別式が終わると出棺となり、棺は火葬場へと運ばれます。火葬炉の前で最後の別れをし、棺は火葬炉に収められます。火葬が終わると、故人と縁の深い順に二人一組となり、火葬炉から出された遺骨を箸《はし》で拾い上げ、骨壺に納めます。

いわれ

火葬はインドでは古くから行われ、仏教やヒンドゥー教では、遺体を焼却することで霊魂のこの世への未練を断ち切り、煙と共に天上界へ送るという意味があるようです。また、けがれた遺体を火によって浄化する、遺体を焼却することで死者を邪悪なものから守る、灰にすることで保存や移動をしやすくする、などの理由で、火葬は世界各地で行われていたようです。

関連

日本の火葬 七〇〇年に道昭《どうしょう》という僧が火葬にされたという記述が『続日本紀《しょくにほんぎ》』にあり、これが日本最初の火葬とされています。しかし、もっと古くから火葬が行われていた痕跡が見つかっています。また、最初に火葬にされた天皇は、七〇二年の持統《じとう》天皇です。

茶毘《だび》にふす 仏教では火葬を茶毘といい、火葬にすることを茶毘にふすといいます。火葬を意味するインドの言語（パーリ語のjhāpeti、サンスクリット語のdhyāpayati）に由来します。

箸渡し 骨あげは箸を使って行われますが、この世からあの世への三途《さんず》の川の橋渡しをするという意味があり、死者をみんなであの世へ送るという気持ちが示されています。

「精進落《しょうじんお》とし」日常の生活に戻る区切り

意味

初七日または四十九日の法要の後に行われる会食。

「精進」とは、身を清め、心を慎むことで、「精進落とし」とは、その精進が終わることを意味しますが、初七日の法要の後、僧侶や世話役などの労をねぎらう会食が行われ、これを「精進落とし」とするのが一般的となっています。本来、初七日法要は死後七日目に行われるものですが、日を改めて集まってもらうのは大変なので、近年は、葬儀当日に初七日法要を併せて行うことが増えています。火葬場から戻って初七日法要をする場合（繰り上げ初七日法要）は、法要が終わってから精進落としになります。葬儀に続けて火葬前に初七日法要をする場合（繰り込み初七日法要）は、火葬場から戻ってすぐに精進落としになりますが、火葬が終わるのを待っている間に行うことも増えています。

いわれ

本来は、祭礼や神事・仏事など精進潔斎が必要な行事が終わって日常生活に戻

るときに行われるもので、精進料理から肉や魚を使った通常の料理に戻ることを意味していました。近親者をなくした人は、四十九日の間肉や魚を絶ち、精進料理を摂《と》って故人の冥福を祈ります。この期間を忌中といい、忌中明けの四十九日の法要の後、通常の食事に戻す精進落としが行われました。精進明け、精進落ちともいいます。

関連語

精進料理　肉や魚などの動物性食品を使わず、野菜などの植物性食品だけを使ってつくる料理のことで、殺生を禁じられている僧侶が食べる食事です。肉や魚を使えないので、調理方法を工夫し、豆腐の雉《きじ》焼き、ナスの鴫《しぎ》焼き、がんもどき、こんにゃくの狸《たぬき》汁など、肉料理に模した名前の料理があります。

「戒名《かいみょう》」故人につけられたあの世での名前

意味

僧が死者につける名前。出家して仏門に入った者に与えられる名前。

仏式の葬儀では、僧侶（寺院）に依頼して、亡くなった人に戒名をつけてもらいます。宗派によっては、法名（浄土真宗）、法号（日蓮宗）ともいいます。戒名は、故人の人柄や業績などがしのばれる名前がつけられ、文字もそれに合ったものが選ばれます。

いわれ

本来、戒名は仏教の戒律（修行者や僧が守るべき規範）を受け（受戒）、それを守ることを誓って仏門に入った者に与えられるものですが、死者は僧侶から引導を渡されてあの世、すなわち仏の世界へ送り出されるとして、仏弟子として浄土に往生できるように戒名がつけられます。戒名に対して生前の名前を俗名といいます。

戒名は、身分や貧富の区別なく、だれでも二文字で表されます。これは、仏の世界が平等であることを示しています。この本来二文字の戒名に、院号、道号、位号がつけられて「○

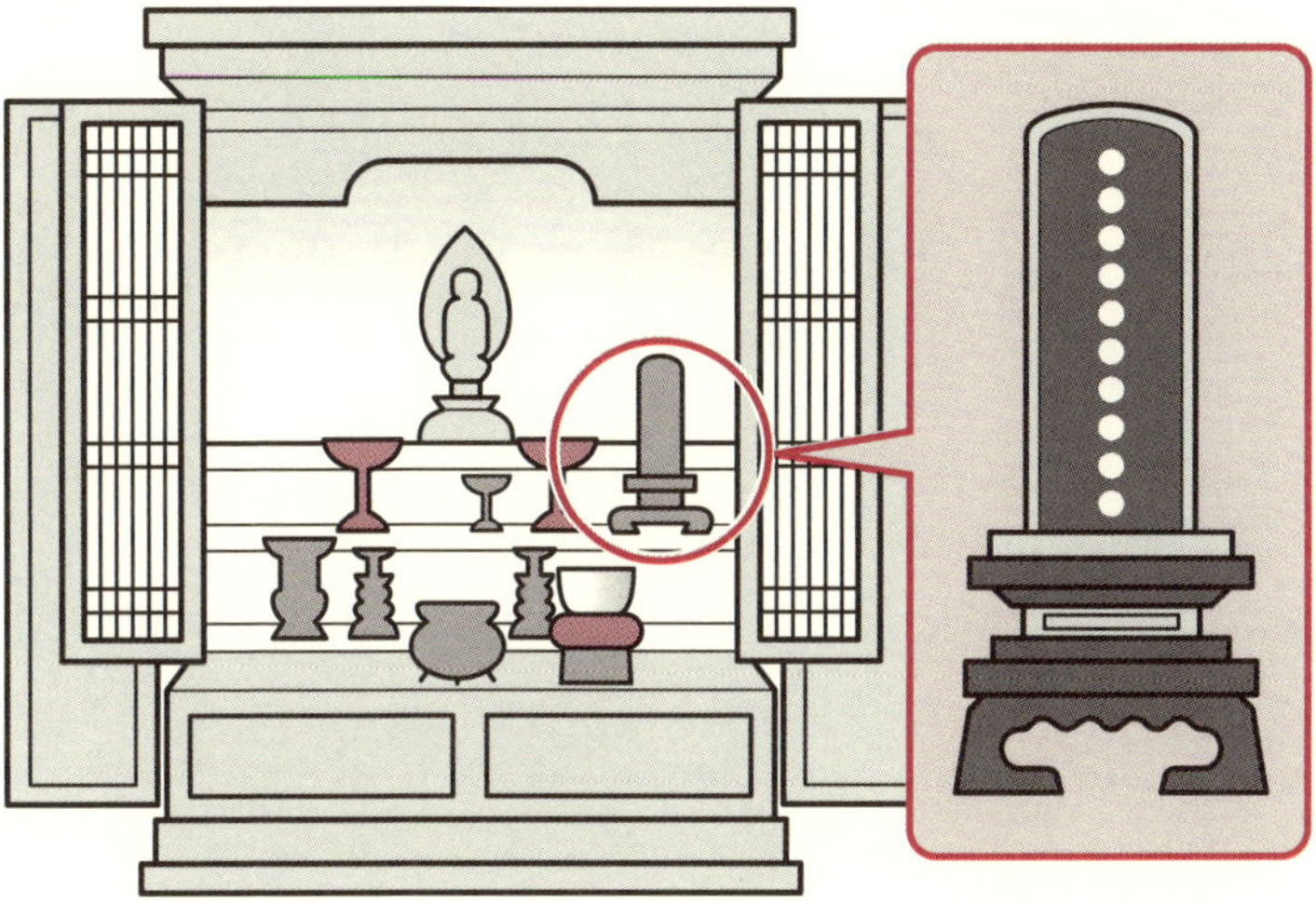

○院◇◇××居士《こじ》」のように長くなり、一般的には全体を戒名と呼びますが、○○院は院号、◇◇は道号、居士は位号で、戒名は××の二文字だけです。ちなみに、石原裕次郎は「陽光院天真寛裕大居士」で、陽光院が院号、天真が道号、寛裕が戒名、大居士が位号です。

関連語

院号 寺院に多大な貢献をした人や社会的に大きな貢献をした人に与えられる号です。

道号 号や字（あざな）にあたり、中国から伝わって戒名の上につけられるようになったといわれています。

位号 戒名の下につけられ、性別や年齢、功績などで異なります。居士・大姉《だいし》、信士《しんじ》・信女《しんにょ》、童子・童女といった区別があります。

「位《い》牌《はい》・納《のう》骨《こつ》」遺骨を納めたら位牌をつくり替える

意味

位牌……死者の戒名や死亡年月日などを記した木牌。
納骨……遺骨を墓や納骨堂に納めること。

仏式では、臨終後すぐに戒名などが書かれた白木の位牌（内位牌、野位牌）をつくり、葬儀の際に祭壇に飾ります。葬儀後は、あと飾りの祭壇に遺骨、遺影とともに安置し、四十九日の忌明けまで、死者の冥福を祈ります。この白木の位牌は、納骨のときに寺に納めて焚《た》き上げ、納骨後は漆塗りなどの本位牌に替えて、仏壇にまつります。納骨や本位牌へのつくり替えの時期は決められていませんが、忌明けの四十九日が一般的です。

いわれ

位牌の「牌」は「ふだ」を意味します。中国では古くから、儒教の葬儀で、死者の姓名や官位を記した神主《しんしゅ》とよばれる霊牌が用いられ、これが鎌倉時代に禅宗といっしょに伝来したようです。室町時代に足利尊氏《あしかがたかうじ》や足利義満《よしみつ》の位牌がつくられた記録が残っていますが、庶民の間に広まったのは江戸時代になってからといわれています。

関連

位牌の種類　**内位牌・野位牌**＝葬儀に用いられる白木の位牌。土葬では墓石ができるまでお墓に置かれたので野位牌ともいいます。**本位牌**＝黒漆を塗り金箔や金粉が施された塗位牌、黒檀や紫檀でつくった唐木位牌などがあり、仏壇にまつります。　**繰出《くりだし》位牌（回出《くりだし》位牌）**＝箱型の位牌。複数の位牌を一つにまとめてまつります。戒名を記した板を命日の順に並べ、命日が終わると後ろに回します。

納骨の方法　一般的にはお墓の墓石の下の納骨室に納めますが、最近は寺院や霊園の納骨堂に納めることも増えてきています。また、遺骨を粉末状にして海や山に撒《ま》く散骨や、樹木の根元や周りに遺骨を埋葬する樹木葬なども行われるようになってきました。

「お布施《ふせ》」葬儀・法要の謝礼としてお坊さんに渡す

意味

葬儀や法要の際に寺院（僧侶）に渡す謝礼。広くは、僧や巡礼などに金銭や品物を与えること。また、その金品。

葬儀や法要の際に、お礼の気持ちを込めて、お坊さん（寺院）にお布施を渡します。読経などのお勤めに対する対価ではありませんので、「読経料」「葬儀料」ということばは使いません。したがって、決まった金額はなく、自分の気持ちで経済的に無理のない金額を包めばよいのですが、「皆さんはどのくらいにされていますか？」といった聞き方で、お坊さんにたずねても失礼にはなりません。

いわれ　本来「布施」とは、仏教の六波羅蜜《ろくはらみつ》という六つの徳目のうちの一つです。六波羅蜜には布施《ふせ》（施しを与える）・持戒《じかい》（戒律を守る）・精進《しょうじん》（常に努力する）・忍辱《にんにく》（苦しみに耐える）・禅定《ぜんじょう》（心を落ち着かせる）・智慧《ちえ》（物事の真実を見る）の六つの徳目があり、これらを実践することで、悟りの世界に到達できるとされています。

布施には、財施《ざいせ》（寺や修行者、貧しい人に金品を施すこと）、法施《ほうせ》（仏教の教えを説くこと）、無畏施《むいせ》（畏怖を取り除くことで、不安を抱いている人や困っている人を助けること）の三つがあります。葬儀や法要では、僧侶は読経によって故人に「法施」を施し、遺族はこれに感謝して「財施」を施すのです。

関連

仏式以外の呼称 神道では「御礼」「御祭祀料」、キリスト教では「献金」として渡します。

旦那《だんな》 布施のことをサンスクリット語でdānaといい、この音を漢字にしたのが「旦那」です。布施する人を檀徒、布施する家を檀家といい、檀家が所属する寺を菩提寺《ぼだいじ》または旦那寺と呼びます。

「忌中《きちゅう》・喪中《もちゅう》」身を慎み死者を偲《しの》ぶ期間

意味

忌中……仏式では近親者が亡くなってから四十九日間の身を慎む期間。
喪中……近親者が亡くなってから一年間の哀悼の気持ちで身を慎む期間。

「忌」とは「おそればかる」「穢《けが》れを避ける」を意味し、「喪」は「人の死を嘆き悲しむ」を意味します。「忌中」は仏式では四十九日間、神式では五十日間、身を慎んで結婚式などのお祝いの場への出席や神社へのお参りなどは控えます。「喪中」の一年間は、祝い事への出席は差し支えありませんが、祝い事の主催は控えます。また、正月の行事（年賀状、初詣《はつもうで》、年始回り、正月飾りなど）は控えます。喪に服することを「服忌《ぶっき》」「服喪《ふくも》」といい、「忌中」「喪中」とも喪に服す期間を意味しますが、「忌中」のほうがより厳格であるといえます。

いわれ

「忌中」は死を穢れとする神道《しんとう》の考えと、死者は四十九日目に来世の行き先が決まるという仏教の考えとが一体化したものと考えられ、穢れをうつさないように外出を控え、肉や魚を絶った食事をして故人の冥福を祈る期間とされます。「喪中」は近親者が亡く

なったことを悲しみ、故人の冥福を祈って静かに生活する期間（服喪期間）で、仏教、神道とも一年間とされています。儒教の経典の『礼記《らいき》』には、親が死んだときは三日間、食事をせず、服も着替えずにその死を悼んで過ごすよう説かれており、服忌や服喪はその影響も受けているようです。奈良時代の養老律令には、近親者の服喪期間が、父母や夫が死んだ場合は一年、妻や子が死んだ場合は三か月などと、細かく定められていました。

関連語

忌《き》引《び》き　近親者が亡くなったとき、仕事や学校などを休んで喪に服すること。父母、配偶者、子、祖父母、兄弟姉妹などが対象で、会社や学校は欠席扱いになりません。

「法要《ほうよう》」故人を偲《しの》び冥福を祈る

意味

故人の冥福を祈って僧侶に経をあげてもらう仏事。

仏式の法要は、初七日《しょなのか》、二七日《ふたなのか》（十四日）……七七日《なななのか》（四十九日）と没後七日目ごとに四十九日まで行うのが正式ですが、近年は、初七日は葬儀と同日に行い、四十九日の忌明けだけ僧侶を招いて行うことが一般的となっています。没後百日目に百か日法要がありますが、四十九日の法要と一緒に行われることも増えています。この百か日法要までを「忌日法《きび》要」といい、一周忌以後の法要を「年忌法要《ねんき》」といいます。年忌法要は、一周忌（一年目）、三回忌（二年目）、七回忌（六年目）、十三回忌（十二年目）、十七回忌（十六年目）、二十三回忌（二十二年目）、二十七回忌（二十六年目）、三十三回忌（三十二年目）とあり、三十三回忌を弔《とむら》い上げといって、死者がご先祖様の仲間入りをすると考えられています。

いわれ

死者は没後七日目ごとに閻魔《えんま》大王はじめ十王から生前の行いの裁きを受け、

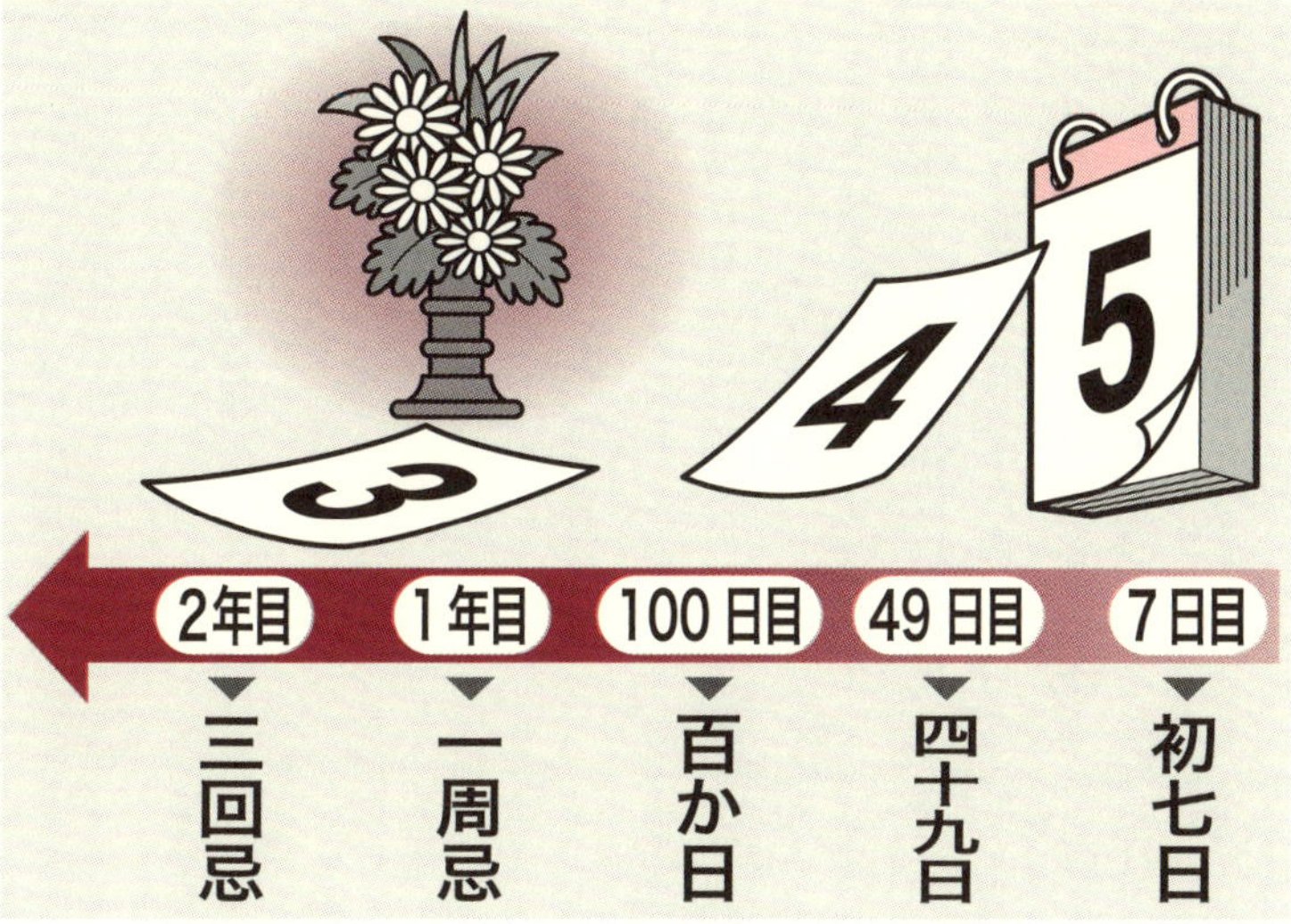

四十九日目に来世での行き先が決まるとされており、故人が極楽往生できるように、遺族は七日目ごとに故人に善を送る追善法要を行います。年忌法要の三と七の数字は、儒教の三魂七魄《さんこんしちはく》（天魂・地魂・人魂の三魂と喜び・怒り・悲しみなどの七魄）に基づいていると考えられます。

関連 **神式では** 神式では霊祭といいます。葬儀の翌日に翌日祭があり、以後は没後十日目ごとに、十日祭、二十日祭、三十日祭、四十日祭、五十日祭が行われ、五十日祭が忌明けになります。没後百日目に百日祭が行われ、その後は式年祭といって、一、三、五、十、二十、三十、五十、百年祭が行われます。

コラム3　葬式のいろいろ

●遺体の処理方法による葬法

火葬・土葬・水葬・風葬（林葬）を総称して四葬《しそう》といいます。

火葬…遺体を火で焼く葬法。

土葬…地面に穴を掘って遺体を埋める葬法。石器時代から行われていて、遺体はそのまま、または布で包んだり、棺に入れたりして埋葬されます。キリスト教やイスラム教は肉体を焼いてしまう火葬には否定的で、世界でも広く土葬が行われています。日本でも、昭和の初期ごろまでは一般的に行われていましたが、現在は制限が多く、ほとんど行われていません。

水葬…遺体を海や川に沈める葬法。航海中の船内で亡くなったときは、遺体を陸に持ち帰れない場合、船長（軍艦の場合は艦長）の権限で水葬が行われます。南太平洋のメラネシア地域の民族は海に、北アメリカのチェロキー・インディアンは川に、遺体を流していました。

風葬…遺体を野山に放置して風化を待つ葬法。平安時代の京都では、身分の低い死者は、化野《あだしの》あるいは鳥部野《とりべの》、蓮台野《れんだいの》で風葬にされました。世界各地でも行われていました。

●葬儀の種類

国葬（国に特に貢献した故人に対し国が行う）、**社葬**（会社が行う）、**家族葬**（家族のみで行う）、**密葬**（近親者のみで荼毘《だび》にふし、本葬儀は後日行う）などがあります。

第4章

「祭」のことば

「門松《かどまつ》・注連《しめ》飾《かざ》り・鏡餅《かがみもち》」

正月飾りの三大主役

意味

門松……正月に家の門の前などに立てる松や竹の飾り。
注連飾り……注連縄などの縁起物を飾りつけた正月飾り。
鏡餅……主として正月に神棚や床の間などに供える大小の丸餅。

お正月は、何はさておきおせちにお年玉・ゲームという昨今ですが、正月とは本来、歳《とし》（年）神様《がみさま》（先祖の集合霊）を家にお迎えして祝う行事なのです。この歳（年）神様を歓迎するために飾るのが正月飾りです。正月飾りの代表的なものに門松・注連飾り・鏡餅があります。

門松は、歳（年）神様に迷わず我が家に降りていただくための目印として門前に立てるもので、門前に左右一対を立てるのがふつうです。松飾り・飾り松・立て松などともいいます。

注連飾りは、歳（年）神様を迎える清浄な場所を示すために玄関に飾ります。注連縄（新しい藁《わら》）に裏白《うらじろ》（常緑性のシダ植物）、ゆずり葉、橙《だいだい》などを添えてつくったお飾りで、新しい藁には古い年の不浄を払うという意味があり、裏白は長寿、ゆずり葉は子孫の繁栄、橙は

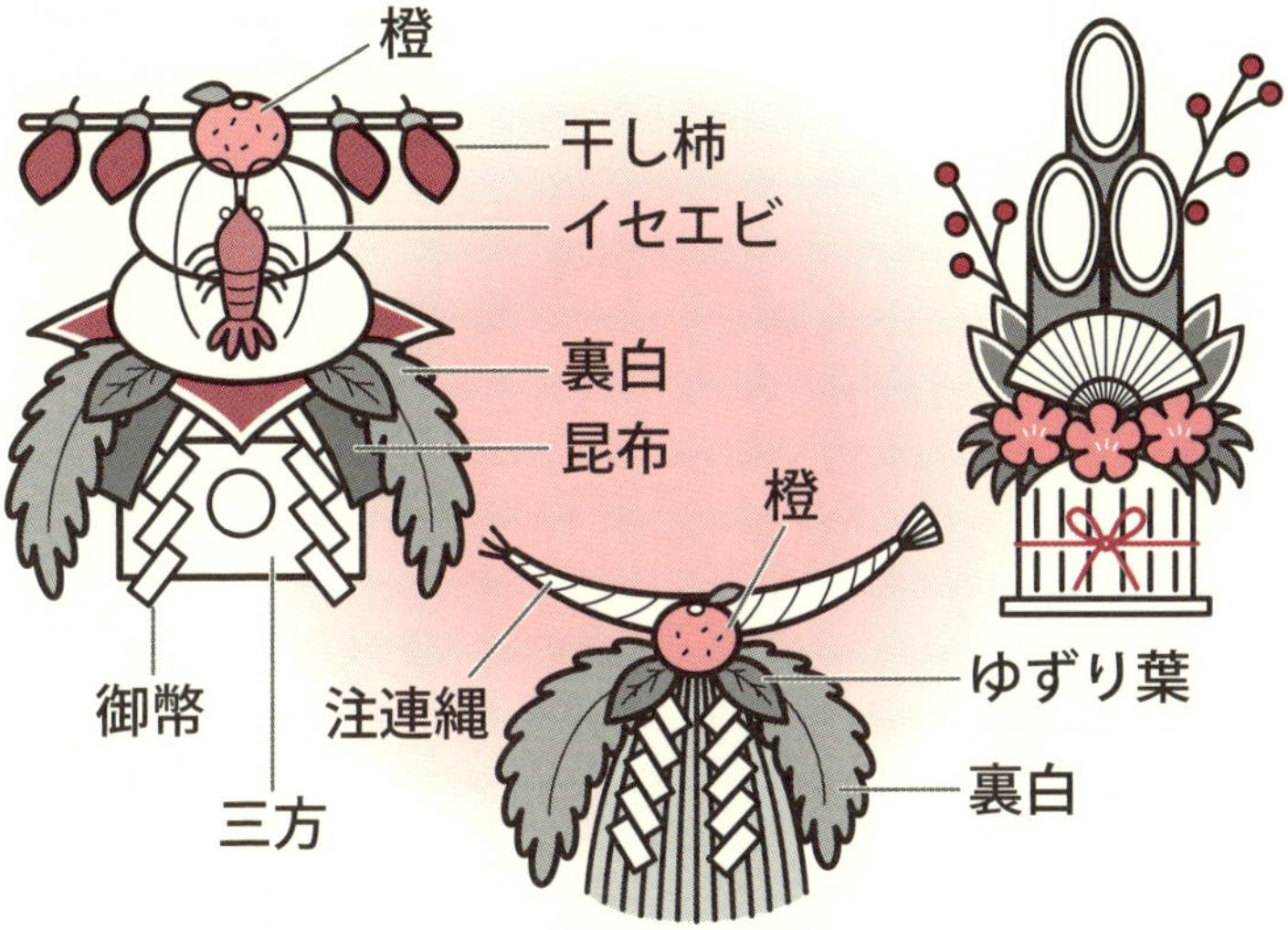

代々の繁栄を願ったものです。

鏡餅は、歳（年）神様への供え物です。二個の餅を重ねて三方《さんぼう》に載せ、橙、イセエビ、干し柿、昆布、裏白、御幣などを添えます。この鏡餅を下げる日を「鏡開き」といい、お雑煮やお汁粉にして家族で食べると福を招くとされます。

関連　**いつ飾っていつ取り込むの？**　年末十二月二十八日までに飾ります。二十九日は「二重苦」「苦立て」として嫌い、三十一日は「一夜飾り」といわれ、正月の神を迎えるのに一夜では誠意に欠けると敬遠されるからです。そして、松の内（昔は元旦から十五日まで、現代では七日まで）を過ぎたら取り込みます。また「鏡開き」は一月十一日が一般的です。

「お屠蘇《とそ》・おせち・雑煮《ぞうに》」

正月三が日の祝い膳《ぜん》

意味

お屠蘇……元旦の朝に邪気を払い長寿を願って飲む祝い酒。
おせち……正月に食べるお祝いの料理。
雑煮……餅《もち》を主な具とし醤油《しょうゆ》や味噌《みそ》で味付けをした正月料理。

お屠蘇とは本来は生薬を調合した「屠蘇散」をみりんや清酒に浸したものですが、現在ではふつうの日本酒をお屠蘇として飲むことが多いようです。元旦の朝一家そろって新年の挨拶をし、おせち・雑煮の前にいただきます。

おせちは、「めでたさを重ねる」という意味で重箱に詰めます。お正月は家に歳《とし》（年）神《がみ》様《さま》を迎えているので三が日は炊事をしないという風習から、年末のうちに日持ちのする料理をつくっておいてそれを食べるようになったとされています。

雑煮は、歳（年）神様に供えた餅をおすそわけとしていただくものです。餅は「よく伸びる」ことから、長く生きるという願いを込めて雑煮に入れます。切り餅で醤油仕立ての関東風と丸餅で味噌仕立ての関西風に分かれます。切り餅は「敵をのす」意味からのしもちを切

ったものをいい、丸餅には「円満」の意味が込められています。

いわれ

お屠蘇　「蘇」は悪鬼のことで、それを「屠《ほふ》る（体を切り裂く）」ことから出たことばなどといわれています。

おせち　おせちとは本来節句（桃の節句・菊の節句など）のことを指します。それぞれの節句に食べるのが「おせち（お節）料理」ですが、いつの間にか節句の一番目にあたる正月の料理のことをいうようになりました。

雑煮　歳（年）神様に供えた餅や野菜類を井戸や川からくんだ若水で煮込み、元旦に食べたのが始まりとされています。文字どおりいろいろなものを煮《に》雑《ま》ぜたわけです。

「お年玉《としだま》」ルーツはお餅《もち》

意味

子どもなどにあげる新年のお祝いの金品。

子どもたちにとってお正月は大きな期待で胸がワクワクするときです。何といってもガッポリを夢見るのがお年玉、楽しくないわけがありません。

ところで、お年玉とは本来師匠から弟子へ、主人から使用人へというように目上の者から目下の者に贈られるものでした。その名残からしだいに親から子どもへという形になり、お正月にお祝いとして子どもたちにあげるおこづかいとして定着しました。

いわれ

毎年正月に迎える神のことを「歳《とし》（年）神様《がみさま》」といいます。そして、正月に飾る鏡餅には歳（年）神様の御魂《みたま》が宿るとされていました。つまり、鏡餅はその年の御魂が宿る「年魂《としだま》」というわけです。そして、鏡開きをしてその餅を家長が家族に分け与えたことから「お年魂」「お年玉」と呼ばれるようになったといわれています。つまり、「玉」には「魂」

という意味があったということです。

関連語

ポチ袋　「ポチ」とは関西地方で使われたことばで、心付け、祝儀、チップのことを指します。「これっぽっち」ということばがあるように、「ポチ」には「小さい」とか「ほんのわずか」という意味があります。わずかな祝儀を入れる袋がポチ袋で、それがいつしかお年玉用の袋として使われるようになりました。

お盆玉　お年玉の対抗馬として、近年急速に市民権を得てきたのがお盆玉です。盆休みに帰省してくる孫などにあげる小遣いのことで、お年玉同様ポチ袋に入れて渡すことからお盆玉といいます。なぜかお盆時期に郵便局に行くとたくさん置いてあります。

「初詣《はつもうで》」

一年の無事と平安を祈願

意味

新年になって初めて寺社にお参りすること。「初参り」とも。

新年を迎えるにあたり、一年間無事に過ごすことができたことへの感謝の気持ちと、これから始まる一年がよい年でありますようにという祈りをこめて寺社に参拝します。参拝したあと、おみくじを引いて新年の運勢を占ったり、絵馬に願い事を書いて奉納したりもします。

一般的には三が日または松の内に初詣に出かけることが多いようですが、特にいつという決まりはなく、一月いっぱいOKという考え方もあるようです。

もとは「恵方《えほう》参り」といってその年に吉とされる方角にある寺社に参っていたため、年によって訪れる場所が違っていました。しかし、最近では恵方にはこだわらず、自宅近くのご利益がありそうな寺社を選ぶのが大勢のようです。

いわれ

もともとは「年籠《としご》もり」といい、家長が大みそかの夜から元日の朝にかけて氏

神様のお社に籠もることから始まりました。その年籠もりが「除夜詣」と「元日詣」に分かれ、元日詣が初詣の原型になったといわれています。

関連 **お賽銭《さいせん》** 初詣につきものなのがお賽銭です。語呂合わせで五円玉は「ご縁がある」、四十五円だと「始終ご縁がある」として歓迎されますが、十円は「遠縁」につながるということで避けられるようです。もっとも現代ではもう少しお賽銭の額は多いでしょうか？

初詣帰りは家に直行？ 初詣でせっかくいただいた福はこぼさないように持ち帰りなさいということで、帰りの寄り道はご法度《はっと》といわれます。せっかくのお正月、どこかで食事でもと思わないでもないですが…。

「左義長《さぎちょう》・どんど焼《や》き」

無病息災・家内安全・五穀豊穣《ほうじょう》祈願の火祭り

意味

小正月（一月十五日）に正月飾り・書き初めなどを焼く火祭りの行事。

左義長とどんど焼きはまったく違う名称ですが、中身は同じものです。このほかに、とんど焼き・どんどん焼き・さいと焼きなどとも呼ばれ、全国には二十種以上の呼び名があるようです。一月十四日の夜または十五日の朝に、松の内で役目を終えた門松・注連《しめ》飾りや新年に書いた書き初めなどを子どもたちと火を囲みながら焼く行事です。その火で焼いた餅《もち》や団子を食べると病気をしないとか、その灰を持ち帰り自宅の周辺にまくと魔除けになるといわれています。また、書き初めを焼いた炎が高く上がると字が上手になるともいいます。

お盆に迎え火・送り火をたくのと同じように、正月に迎えた歳《とし》（年）神様《がみさま》を炎とともに見送るという意味があるとされます。これが終わると正月気分も抜けていよいよ厳しい現実に戻るのだと多くの人が気を引き締めるのでしょう。

いわれ　**左義長**　平安時代の貴族の正月遊びに、ホッケーのように杖《つえ》で毬《まり》を打ち合う「毬杖《ぎっちょう》」というものがありました。そして小正月にはその杖三本を結んでその上で扇や短冊などを焼き、その年の吉凶を占う行事があったそうです。毬杖を三本結ぶことから「三《さ》毬杖《ぎちょう》」と呼ばれたわけです。この行事がしだいに民間に伝わり、江戸時代になってから「左義長」という字があてられたといわれています。

どんど焼き　火が勢いよく燃え上がるのを「尊《とうと》や尊」とはやしたてた、そのはやしことばがなまったという説、火がどんどん勢いよく燃えるさまからついたという説などがあります。

「節分《せつぶん》（豆《まめ》まき）・恵方《えほう》」

節分の縁起物「豆」「恵方巻き」

意味

節分……立春の前日で、豆まきの行事をする日。
恵方……その年の干支《えと》によってよいと定められた方角。

節分はもともと季節の移り変わりを表すことばで、「季節を分ける」日のことです。立春・立夏・立秋・立冬の前日、つまり季節の変わり目の日をいいました。本来節分は年四回あったわけです。その中で旧暦の立春は一年の始まりにあたっていましたので、この節分がメジャーになり、節分といえば立春の前日を指すようになったのです。その節分の行事の代表が豆まきです。「福は内、鬼は外」と声を出しながら福豆（煎《い》った大豆）をまいて邪気を追い払い、年齢の数だけ（もしくは一つ多く）豆を食べる厄除けの行事です。

一方恵方とは、その年の福をつかさどる歳徳神《としとくしん》という神がいる方角で、その年の最もよいとされる方角をいいます。その方角に向かって何かを行えばすべて吉とされます。最近は縁起を担いで節分に恵方巻きを食べる（もともとは大阪の習わし）習慣が広まっています。

いわれ　豆まき　昔、京都の鞍馬山《くらまやま》付近に現れた鬼を退治するのに、毘沙門天《びしゃもんてん》（七福神の一つ）のお告げにより豆を鬼の目に投げつけたところ追い払うことができたというのがその始まりといわれます。

恵方巻き　節分に神様がいる方角を向いて食べると縁起がよいとされる太巻き寿司です。恵方巻きは七福神にちなんで七種類の具を使うとされ、福を巻き込んでくれるので、切らずにそのままかぶりつきます。そのときはしゃべらずに願い事を心の中で唱えます。

関連

イワシの頭と柊《ひいらぎ》　節分に玄関にこれを飾ります。イワシの頭を焼くとそのにおいを嫌って鬼が寄ってこない、また柊の葉はとがっていて触ると痛いので鬼が逃げるといいます。

「バレンタインデー」女性からの愛の告白日

日本では、女性が男性に主としてチョコレートを渡して愛の告白をする日。

意味

二月十四日がその日で、世界各国でカップルが愛の誓いをする日として定着しています。日本では女性から男性にチョコレートを贈ることで愛の告白をする日とされていますが、この日本型バレンタインデーが成立したのは一九七〇年代後半といわれています。どうやらチョコレート会社のキャンペーンが世に広まったというのが真相のようです。欧米でもチョコレートを贈ることもありますが、恋人や友達、家族などが互いにカードや花束、お菓子などを贈り合うのが一般的です。

いわれ

バレンタインは、三世紀のローマで殉教したキリスト教の司祭です。当時のローマでは兵士の戦意が落ちるというので若者たちの結婚を禁じていました。バレンタインは若者たちを哀れに思い密かに結婚させていましたが、それを知った皇帝はバレンタインを処

刑してしまいました。その処刑日が二月十四日でした。これに反発したローマの若者たちは二月十四日に好きな娘に愛のカードを渡すことを思いつき、そのカードにバレンタインの名を書いたそうです。また、ローマでは毎年二月十四日に未婚の女性たちの名前を書いた紙を集め、翌日に未婚の男性がその紙を引いて、書かれた名前の女性と付き合うという祭りがありました。しかし、風紀が乱れるとして中止され、その後はカードや花束などを互いに贈り合う行事になったそうです。

関連語

ホワイトデー　バレンタインデーの一か月後の三月十四日に、男性から女性への返礼プレゼントをする日です。ただし、欧米ではこの習慣はありません。

「五節句《ごせっく》」江戸時代から続く伝統行事

意味

以下の五つの節句の総称。

七草の節句（人日《じんじつ》の節句）……一月七日に春の七草を入れてつくったかゆを食べる行事。

桃の節句（上巳《じょうし》の節句）……三月三日にひな人形を飾ってひな祭りを行い、女の子の幸せを祈る行事。

端午の節句……五月五日に武者人形を飾って男の子の成長を祝う行事。

七夕《しちせき》の節句……七月七日の夜、天の川の東西にある織女《しょくじょ》星と牽牛《けんぎゅう》星が年に一回会うのを祭り、女子の手芸の上達を祈る行事。

重陽《ちょうよう》の節句……九月九日に菊を愛《め》でながら無病息災や長寿を祈る行事。


節句とは季節の変わり目に行われる伝統行事のことで、この五節句は江戸時代には「儀式をとり行う日」として定められていました。その習慣が民間に広まり、今日に至っています。

「七草がゆ」を食べる一月七日といえば、松の内の最後の日です。お正月のごちそうに疲れ

た胃をいたわり、体調を整える意味があります。「桃の節句」に飾る菱餅《ひしもち》は、下から緑（萌《も》え出る若草）・白（残雪）・ピンク（桃の花）と三重になっています。また、ひなあられはピンク・緑・黄・白の四色で、それぞれ春夏秋冬を表しています。「端午の節句」の鯉《こい》のぼりは、「急流の滝を登りきった鯉が竜になった」という中国の故事から、男の子の出世を願って立てるものです。「七夕《たなばた》」には願い事を書いた短冊や飾りを笹の葉につるし、星に願いをかなえてくださいと祈ります。最初は機織りの上達を願うものでしたが、現在では実にさまざまな願い事が託されるようです。「重陽の節句」は、他の節句に比べて現代ではあまり盛んではなく、影の薄い存在となっています。

「彼岸《ひがん》（春《はる》・秋《あき》）」

先祖の恩に感謝を捧げる日

意味

春分・秋分の日の前後三日間、それぞれ計七日間のこと。

彼岸には春彼岸と秋彼岸があります。それぞれ春分の日（三月二十一日ごろ）、秋分の日（九月二十三日ごろ）を中日として、その前後三日を合わせた七日間を彼岸といいます。それぞれの初日を「彼岸入り」、終日を「彼岸明け」、春分の日・秋分の日を「中日（ちゅうにち・なかび）」と呼びます。彼岸には法要をし、お墓参りに行き先祖供養をして感謝の気持ちを捧げますが、これは日本特有の行事とされています。

いわれ

春分と秋分は、太陽が真東から昇り真西に沈んで、昼と夜の長さがほぼ同じになる日です。仏教では悟りの世界を彼岸といい、その反対側にある私たちが生きているこの世界を此岸《しがん》といいます。そして、彼岸は西方にあるとされるので、真西に沈む太陽を礼拝し、はるか西方の極楽浄土に思いをはせたのが彼岸の始まりとされています。

関連

暑さ寒さも彼岸まで　春分以降は昼が長くなるため寒さが和らいで暖かくなり、秋分以降は秋の夜長に向かうため暑さが和らぎ涼しくなります。つまり、春分・秋分（＝彼岸）を境に過ごしやすくなるということですが、どんなつらい事でもいつか和らぐという教えでもあります。

ぼたもちとおはぎ　彼岸の食べ物といえば「ぼたもち」と「おはぎ」。ついごっちゃになりがちですが、正しくは春の彼岸に食べるのが「ぼたもち」、秋の彼岸に食べるのが「おはぎ」です。華やかな春の花牡丹《ぼたん》に見立てて大きめに作るのが「ぼたもち」、清楚な秋の花萩《はぎ》に見立てて小ぶりに作るのが「おはぎ」というわけです。

「花祭《はなまつ》り」

お釈迦《しゃか》さまの誕生祝い

意味

毎年四月八日に釈迦の誕生を祝って行う法要。

クリスマスはキリストの誕生を祝う日として有名です。これに対して知名度は少々低いようですが、四月八日の釈迦の誕生を祝う仏教行事に「花祭り」があります。ほかに灌仏会《かんぶつえ》・花会式《はなえしき》・仏生会《ぶっしょうえ》などさまざまな名称がついています。

花祭りでは、桜・れんぎょう・木蓮《もくれん》などの花で飾られたお堂「花御堂《はなみどう》」にまつられた釈迦の像に柄杓《ひしゃく》で甘茶をかけたり、甘茶を飲んだりして祝います。これは釈迦誕生のとき、産湯を使わせるため天に九匹の竜が現れて甘露の雨を降り注いだということに由来しています。

花祭りには、子どもたちのすこやかな成長を願い「稚児《ちご》行列」を行うところもあります。

いわれ　釈迦が生まれた四月八日は、その誕生を祝うように花がたくさん咲いていたといわれ、また、日本ではちょうど桜が満開になる時期であることから花祭りといわれるよう

になったとされています。

関連

天上天下《てんじょうてんげ(が)》唯《ゆい》我《が》独尊《どくそん》 釈迦が誕生したときすぐに七歩歩いて立ち止まり、右手で天を左手で地を指さし「天上天下唯我独尊」といったそうです。このことばはともすると「自分が一番偉い」という意味にとられがちですが、本当は「人間だけが果たすことのできる尊い使命があり、人間それぞれがかけがえのない存在である」という人間の個を尊重する意味のことばなのです。

白い象 花祭りには白い象が登場します。これは、釈迦の母である摩耶夫人《まやぶにん》が白い象が体に入るのを夢に見て釈迦を身ごもったと伝えられていることによります。

「イースター（復活祭《ふっかつさい》）」卵とウサギが祭りのシンボル

意味

キリストの復活を記念する祝祭。

キリスト教における最も重要な祭日で、キリストの誕生を祝うクリスマスよりも重要な日とされています。キリストの復活とともに、冬から春へと季節が変わるのを祝うために行われ、その日は「春分の日の後の最初の満月から数えて最初の日曜日」と定められています。ただし、使う暦が違うため、東方教会、西方教会といった宗派によって日に違いがあります。

イースターの日には、クリスマスと同じようにごちそうを食べて祝います。そのとき卵を使った料理やゆで卵が出るのが特徴です。ゆで卵には色鮮やかな彩色が施され、イースターエッグと呼びます。キリスト教では卵は生命の誕生を意味するものとして重要視され、また、ひなが殻を割って出てくるようすがキリストの復活を象徴しているといわれます。このイースターエッグはイースターバニーと呼ばれるウサギが運んだものとされますが、ウサギの登場は、ウサギが多産であることから豊穣のシンボルとされたためだといわれています。

いわれ　キリストは弟子の一人に裏切られ、十字架にかけられて処刑されてしまいました。ところがキリストは復活するとの予言があり、三日後に復活したとされています。キリストは数々の奇跡を起こしましたが、その最大の奇跡がこの復活だといわれています。そのためキリスト教では、この復活の日を最も重要な祭日としているのです。

関連語
エッグハント　家の庭や公園に隠した卵を探し当てる遊びです。
エッグレース　スプーンに乗せた卵を割らずに誰が一番早く運べるかを競います。
エッグロール　卵を割らないように転がす遊びです。

「夏至《げし》・冬至《とうじ》」昼の最も長い日VS.夜の最も長い日

意味

夏至……太陽が最も北に寄り、北半球では昼が最も長い日。六月二十二日ごろ。
冬至……太陽が最も南に寄り、北半球では夜が最も長い日。十二月二十二日ごろ。

夏至には正午の太陽の位置が最も高くなります。それだけ太陽が出ている時間が長いことになり、太陽の光で明るくなっている昼の時間が長くなります。冬至にカボチャを食べることはよく知られていますが、夏至にはこのような全国共通の風習は残っていません。それはこの時期が田植えで忙しいためイベントどころではなかったというのが真相のようです。ただ、関西でタコ、関東で焼き餅を食べるなどの習慣はあったようです。

一方、冬至は正午の太陽の位置が最も低くなり、一年で一番日照時間が短い日、つまり夜が長い日となります。冬至にカボチャを食べるのは、カボチャ＝南瓜《なんきん》で「ん（＝運）」が二つも付くからという説や、本来夏にとれる野菜のカボチャを保存しておいて「陰」の極まる冬至の日に「陽」の季節の物を食べることで「陽の気」を補ったのだという説などがありま

す。また、ゆず湯に入るのは、ゆずの強い香りで邪気を払い体を清めるためという説や、「冬至」を「湯治《とうち》」にかけてゆず入りの風呂に入ったのだとする説などがあります。

関連 **一陽来復《いちようらいふく》**　冬至を境に太陽の力が強くなっていくことから、「陽の気が強くなり始める日」ということで、冬至を「一陽来復の日」ともいいます。冬至は、上昇運に転じる日なのです。

冬至の七種《ななくさ》　冬至には運をつけるため名前に「ん」の付くものを食べる「運盛《うんも》り」という風習があります。南瓜《なんきん》・蓮根《れんこん》・人参《にんじん》・銀杏《ぎんなん》・金柑《きんかん》・寒天《かんてん》・饂飩《うんどん》（うどん）の七種で、いずれも「ん」が二つずつ含まれています。これを「冬至の七種」といいます。

「盆《ぼん》・中元《ちゅうげん》・歳暮《せいぼ》」

先祖やお世話になった人への感謝を込めて

意味

盆……七月十五日（または八月十五日）の前後数日間に行われる死者の霊をまつる仏事。
中元……盂蘭盆《うらぼん》（旧暦七月十五日）の日。また、このころにする贈り物。
歳暮……年の暮れ・年末。また、一年の感謝を込めて年末におくる贈り物。

盆は、先祖や亡くなった近親者の霊を迎えて供養する仏教の行事で、盆の入りには迎え火をたいて霊をお迎えし、盆明けには送り火をたいてお送りします。

中元は、本来旧暦七月十五日のことをいいます。もともとは中国の道教の考え方でしたが、のちに仏教の盂蘭盆会《え》（お盆の正式名称）と結びついて祖先を崇拝する行事を行う日となりました。その行事の際、親類縁者間で物を贈る習わしがあり、その習慣が根付いて現代ではお世話になった人への贈答のことを中元と呼ぶようになりました。

歳暮は、嫁いだ娘などが新年に歳《とし》（年）神様《がみさま》に供える品を年の暮れのうちに実家に届ける風習が、お世話になった人へ贈り物をする習慣へと変わったものです。もともと歳暮は年の

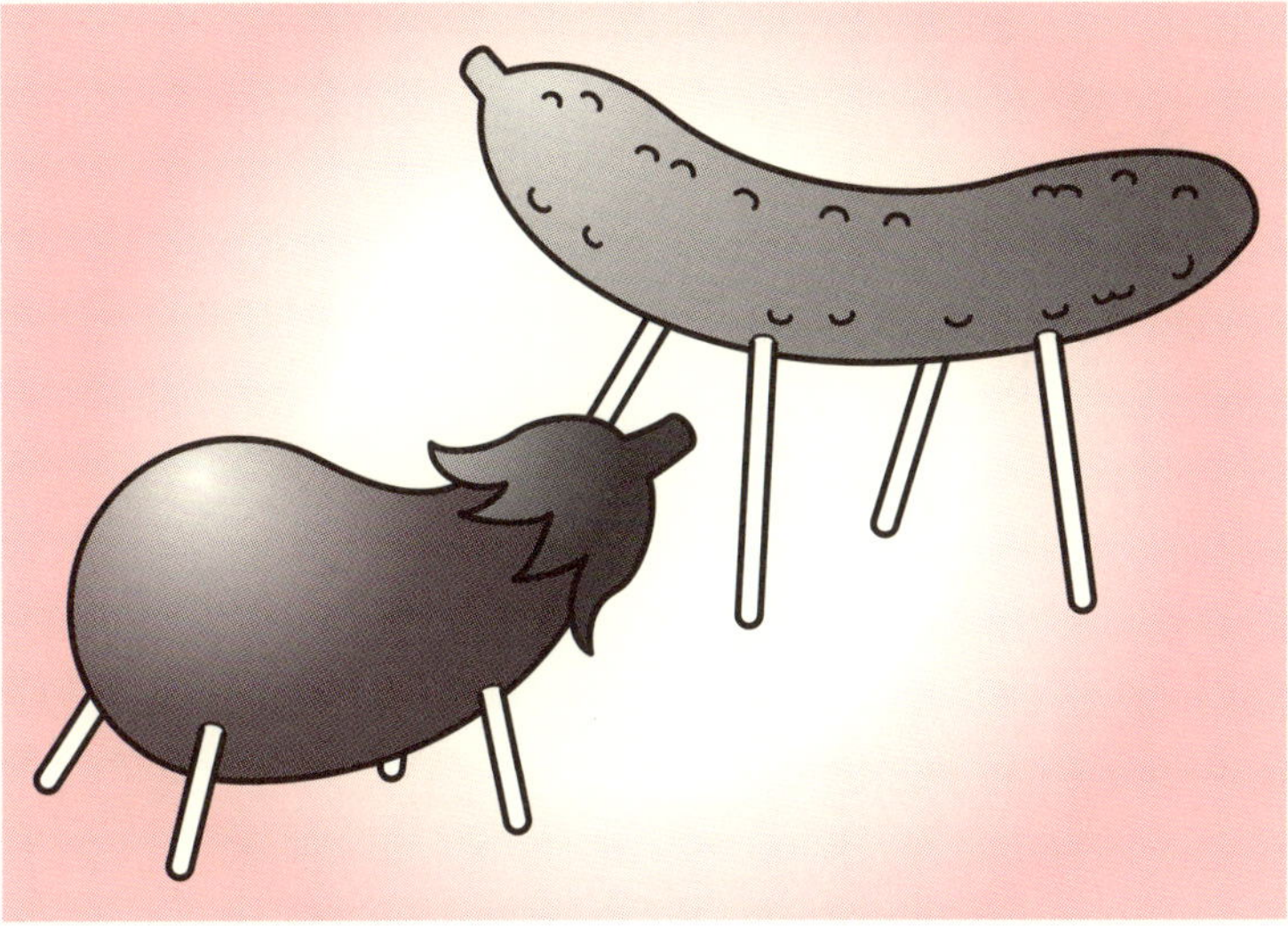

暮れを意味することばでしたが、年末の贈り物の呼び名として定着したわけです。

関連 **精霊馬《しょうりょううま》とは？**　お盆にキュウリやナスを使って、割《わ》り箸《ばし》などで足をつけてつくる馬や牛の飾りです。キュウリの馬には「足の速い馬に乗って、あの世から早く帰ってこられるように」、ナスの牛には「足の遅い牛に乗って、たくさんの供物とともにゆっくりとあの世に戻ってゆけるように」という願いが込められています。

お中元・お歳暮はいつ贈る？　お中元は七月上旬から七月十五日まで、お歳暮は十二月上旬から二十日ごろまでに贈るのが一般的な目安です。

「月見《つきみ》（十五夜《じゅうごや》）」

中秋の名月を堪能《たんのう》

意味

旧暦八月十五日、九月十三日の月を眺め、愛《め》でる習慣。

旧暦八月十五日の月を「十五夜」あるいは「中秋の名月」と呼び、旧暦九月十三日の月を「十三夜」といいます。これは旧暦の話ですから、現代でいうと十五夜は九月、十三夜は十月になります。現代では十五夜のほうが月見としてはメジャーになっています。

十五夜には豊作を祈願して、お団子・ススキ・里芋などを供えます。お団子は丸いお月様に見立てたもので、穀物の収穫に感謝するために供えます。ススキはその穂が実った稲の穂に似ていることから飾るようです。また、古くからススキには魔除けの力があると信じられており、お月見に供えたススキを軒先につるすと病気をしないという言い伝えもあります。

一方十三夜にはちょうど食べごろの枝豆や栗などを供えることから、この夜の月を「豆名月」「栗名月」とも呼びます。

いわれ　もともと月見は平安時代初めのころに中国から伝わってきた風習です。その後秋の収穫祭と結びついて、豊かな実りに感謝する意味をもつようになりました。

関連

ウサギの餅《もち》つき　「どうして月にウサギがいるの?」「どうして餅つきをしているの?」子どもたちの興味は尽きません。月見の宴が秋の収穫の祝いであることを考えると、月のウサギたちも餅つきによって、地球上の豊穣を共に祝っているのかもしれませんね。

月にまつわる俳句・短歌

「名月や池をめぐりて夜もすがら」　〈松尾芭《ば》蕉《しょう》〉

「月月に月見る月は多けれど月見る月はこの月の月」　〈詠《よ》み人知らず〉

「えびす講《こう》」七福神の一人えびす様をまつる行事

意味

旧暦十月二十日に主として商家でえびす神をまつって繁栄を祈る行事。

えびす（恵比寿・戎・夷）、大黒天、毘沙門天《びしゃもんてん》、弁財天、布袋《ほてい》、福禄寿、寿老人を七福神といいます。そのうちのえびす神をまつる行事がえびす講です。

えびす神は右手に釣り竿《ざお》を持ち、左わきに鯛《たい》を抱えています。したがって、えびす神は古くは漁業の神様とされていました。しかし、今ではもっと広い意味に広がり、商売繁盛、家内安全の神として信仰を集めています。

特に商売をしている家では、この日は店を早じまいし、えびす神や大黒天（招福の神）に鯛・お神酒《みき》・餅《もち》・果物などを供え、出入りの商人や親類縁者とともに祝宴を開きます。「えべっさん」とも呼ばれます。

いわれ

すべての神様が出雲《いずも》大社（島根県）に集まるとされる神無月《かんなづき》（十月。ちなみに出

雲地方では神在月《かみありづき》といいます）ですが、留守神様とも呼ばれるえびす神だけは残っているという言い伝えから、地元で商売をする家々で信仰されるようになったといわれています。

関連語

十日えびす　関西を中心に行われている祭事で、一月九日～十一日にかけて開催されます。九日を「宵えびす」、十日を「本えびす」、十一日を「残り福」と呼びます。これもえびす神に商売繁盛を祈願するお祭りです。

　なかでも有名なのは兵庫県西宮神社の十日えびすで、一月十日「本えびす」の早朝に行われる「開門神事福男選び」で知られています。午前六時を期して扉が開くと同時に最初の参拝を競って駆け出し「走り参り」をします。一位の人がその年の福男に選ばれます。

「ハロウィーン」コスプレブームの起源？

意味

カトリックの諸聖人の日（十一月一日、万聖節《ばんせいせつ》とも）の前夜十月三十一日に行われるお祭り。「ハロウィン」とも。

最近日本でもあちこちで盛り上がっていますが、もともとハロウィーンとは日本のお盆に似た行事でした。お盆とハロウィーンの共通点といえば、亡くなった人の霊が戻ってくるという点ですが、ハロウィーンの場合はほかに魔物や魔女も一緒にやってくると考えられていました。そこで魔物や魔女に魂を取られないよう、それに似せた姿かたちをして仲間だと思わせたのが仮装の始まりだとされます。今はやりのコスプレの始まりといえそうです。

また、ハロウィーンでは仮装した子どもたちが「お菓子をくれなきゃ、いたずらしちゃうよ」とはやしながら、玄関先に「カボチャちょうちん（ジャック・オー・ランタン）」を飾った家々を回ります。もちろんそれらの家では、あらかじめお菓子を用意しておきます。

仮装して日常を忘れるというのは、大人にとっても子どもにとっても楽しい行事です。

いわれ　ハロウィーンの起源は、古代ケルト人（紀元前五世紀ごろ）が行っていた秋の収穫祭や悪魔払いの儀式であったとされています。これにキリスト教の諸聖人の日（万聖節）が結びついて、現代のようなお祭りに変化したようです。十月三十一日に行うのは、ケルト人の暦では十一月一日が新年だったため、新年を迎える前夜祭の意味からのようです。

関連語　ジャック・オー・ランタン　「カボチャちょうちん」。オレンジ色のカボチャをくり抜いて、ナイフで目、鼻、口をつけ、中に火のついたローソクを立てます。こうしてカボチャを使って怖い顔や滑稽な顔をつくり、悪霊を追い払うために家の玄関に置きます。

「酉《とり》の市《いち》」 商売繁盛の願いをこめて熊手を買う

意味

毎年十一月の酉の日に神社で行われる開運招福・商売繁盛を願う祭礼。縁起物の熊手などが売られます。

露店には大小さまざまな熊手が並び、粋《いき》な掛け声と威勢のよい手締めの響き、これこそ歳末の風物詩「酉の市」風景です。もとは関東地方で行われていたものですが、現在では日本各地の年中行事となっています。十一月の酉の日ににぎやかな市が立つことから「酉の市」といい、「お酉様《とりさま》」「酉の祭《まち》」などとも呼ばれます。オカメの面や宝船などを飾った縁起熊手が名物で、福を「かき込む」として新年の開運招福、商売繁盛のシンボルとして売られます。最初の年には小さいものを購入し、翌年からはだんだん大きなものを購入するという具合に、商売が繁盛して大きくなっていくにしたがって、熊手も大きくしていくのがよいとされています。

いわれ

酉の市の始まりは、現在の東京都足立区にある大鷲《おおとり》神社だとされています。祭

りの形態も当初は、近隣の農民たちが秋の収穫を祝って鷲《おおとり》大明神に鶏を奉納し、祭りが終わるとその鶏を浅草の浅草寺まで運び、観音堂前に放してやったというものだったそうです。この行事が、開運招福・商売繁盛を願う祭りとして定着したとされています。

関連 **三の酉** 酉の市は十一月の酉の日に立ちますが、酉の日は十二日ごとに巡ってくるので、十一月に三度行われる年もあり、一度目を「一の酉」、二度目を「二の酉」、三度目を「三の酉」といいます。よく三の酉まである年は火事が多いといわれ、特に火の用心につとめます。寒くなって火を使う機会が増えることから、火事を出さないよう気を引き締めるためにこのようにいわれたものと思われます。

「煤払《すすはら》い（正月事始《しょうがつことはじ》め）」新年を迎えるための大掃除

意味

正月を迎えるにあたって、家内外の煤や塵《ちり》を払い、清掃する行事。

年末ともなるとお正月を迎える準備であわただしくなります。年末行事の一つ煤払いは、新年に歳《とし》（年）神様《がみさま》を迎えるにふさわしいように家の内外を清めるためにする大掃除のことです。生活環境が整っている現代と違って、薪や木炭を使っていた時代には煤で家中が黒ずんでいました。その煤をきれいに払うのが大掃除の大きな目的だったのです。

大掃除は、最近では大晦日《おおみそか》近くにする家が多くなったようですが、古くは十二月十三日が「正月事始め（＝さまざまな正月の準備を始める日）」の日とされ、この日から煤払い、松迎え、餅《もち》つきなど年末の忙しい日々が始まるというのが一般的でした。ただし、現代では十二月十三日に煤払いをしても、新年まではずいぶん日にちがありますので、十三日には神棚や仏壇を清め、その他の場所は年末二十八日ころに大掃除をして新年を迎えるという家が多いようです。

「煤掃き」「煤納め」などともいわれ、十二月十三日には今でも寺院や神社で大きな笹竹を使っての煤払いの行事が行われ、年末の風物詩になっています。

いわれ　煤払いそのものは平安時代にはすでに行われていたとされます。十二月十三日に行うようになったのは江戸時代からで、江戸城の煤払いが十二月十三日だったため、これにならって庶民の間でも多くが十三日を煤払いの日としたのだといわれています。

関連語

松迎え　煤払いが終わると門松用の松や正月用の料理の煮炊きに使う薪を、年男が恵方にあたる山に入って採ってくるという習慣がありました。これを「松迎え」といいます。

「クリスマス」子どもたちの夢、サンタさん

意味　十二月二十五日のキリスト生誕の祝祭日。

子どもたちにはサンタクロースがやってくる待ちに待った日、若者たちにはプレゼントを交換し愛を確かめ合う大切な日とその目的はさまざまですが、本来クリスマスは、今から約二千年前に生まれたとされるイエス・キリストの誕生日を祝う「キリストの降誕祭」です。日本ではクリスマスツリーを飾り、ケーキを食べてプレゼントやクリスマスイルミネーションを楽しむという風潮が強いのですが、本来は神聖な宗教的行事なのです。したがってクリスマスイブに大いに盛り上がるなどという習慣はもちろんありませんでした。

いわれ　ローマ帝国では、太陽を神と崇《あが》める太陽信仰がありました。冬至を境に日が長くなることから、これを太陽の復活として祝っていました。この冬至の祭りがやがて「正義の太陽」と呼ばれていたイエス・キリストの誕生日としてお祝いされるようになったのだと

いわれています。太陽もキリストも「世を照らす」という意味で深いつながりがあったわけです。

関連 **サンタクロースの由来**　四世紀ごろに聖ニコラウス（これが英語発音になってサンタクロース）という人がいました。ある日彼は貧しい家の娘が結婚できるようにとこっそり娘の家の中に金貨を投げ入れました。その金貨が暖炉のそばに洗濯物の一つとしてつるしてあった靴下の中に入ったのだそうです。娘は無事結婚できました。このことがもととなって、サンタクロースが煙突から入って靴下にプレゼントを入れて帰るという話になったとされます。

「大晦日《おおみそか》・年越《としこ》しそば・除夜《じょや》の鐘《かね》」

一年の締めくくり

意味

大晦日……一年最後の日、十二月三十一日。
年越しそば……大晦日に食べるそば。
除夜の鐘……大晦日の深夜十二時をはさんで、新年を迎えるために寺院で百八回つく鐘。

大晦日は一年最後の晦日、つまり十二月三十一日のことです。「おおつごもり」ともいいます。そして、この日に食べるのが年越しそば。年越しそばを食べながら心を澄まして聞くのが除夜の鐘というわけです。

いわれ

大晦日　旧暦では、月の三十日目にあたる日を「晦日（三十日《みそか》）」と呼び、月の終わりを意味しました。そして一年の最後の日、つまり十二月三十一日のことを「大」をつけて「大晦日」と呼ぶようになりました。また、「晦日」は「つごもり」ともいいますが、「晦」という漢字には「月が隠れる」という意味があります。そこから月の最終日を、月が隠れる

日、つまり「月隠り《つきごもり》」→「晦日《つごもり》」というようになったとされています。

年越しそば　そばは麺類《めんるい》の中でも切れやすいことから、一年の悪い厄を断ち切るために食べるのだという説、細くて長いので長寿の願いを込めて食べるのだという説、そばはとても強い植物なので、それにあやかって健康を願って食べるのだという説などがあります。

除夜の鐘　日本に仏教が根づくにしたがって、除夜の鐘を鳴らす習慣ができたといわれています。百八あるとされる人間の煩悩《ぼんのう》を消し去って、清らかな心で新年を迎えることができるようにという願いを込めて百八回鳴らします。百八回のうち最後の一つは年が明けてからつきます。

コラム4　祭りのいろいろ

青森ねぶた祭（青森県・八月）仙台七夕まつり・秋田竿燈《かんとう》まつりとともに東北三大（夏）祭りの一つです。

仙台七夕まつり（宮城県・八月）アーケードに並ぶ豪華絢爛《けんらん》な七夕飾りが目玉です。

山形花笠《はながさ》まつり（山形県・八月）威勢のよい「ヤッショ　マカショ」の掛け声で知られています。東北三大祭りに加え東北四大祭りともいいます。

神田祭（東京都・五月）神田明神のお祭りで、豪華な大行列が見所です。

御柱《おんばしら》祭（長野県・七年目ごとに寅《とら》と申《さる》の年に実施）諏訪《すわ》大社のお祭りで、勇壮な「木落し」が見所です。

越中八尾《やつお》おわら風の盆（富山県・九月）三味線・胡弓《こきゅう》・太鼓の音に合わせた哀調を帯びた唄と踊りで知られています。

祇園《ぎおん》祭（京都府・七月）八坂神社のお祭りで、「宵山《よいやま》」「山鉾《やまぼこ》巡行」「神輿《みこし》渡御《とぎょ》」など、一か月にわたってさまざまな神事・行事が行われます。

岸和田だんじり祭り（大阪府・九月）重さ四トンを超えるだんじりが勢いよく街角を九十度曲がる勇壮な祭りです。

阿波《あわ》おどり（徳島県・八月）「踊る阿呆に見る阿呆…」のお囃子《はやし》に乗って踊ります。

よさこい祭り（高知県・八月）華やかで力強い衣装と「鳴子《なるこ》」の音が特徴です。

付録

【婚礼衣装】— 和装（花嫁）

〈白無垢《しろむく》〉

白無垢にあわせて頭に被る白い袋状の布。

掛下の上に掛ける白い着物。松竹梅や鶴などめでたい文様がほどこされています。

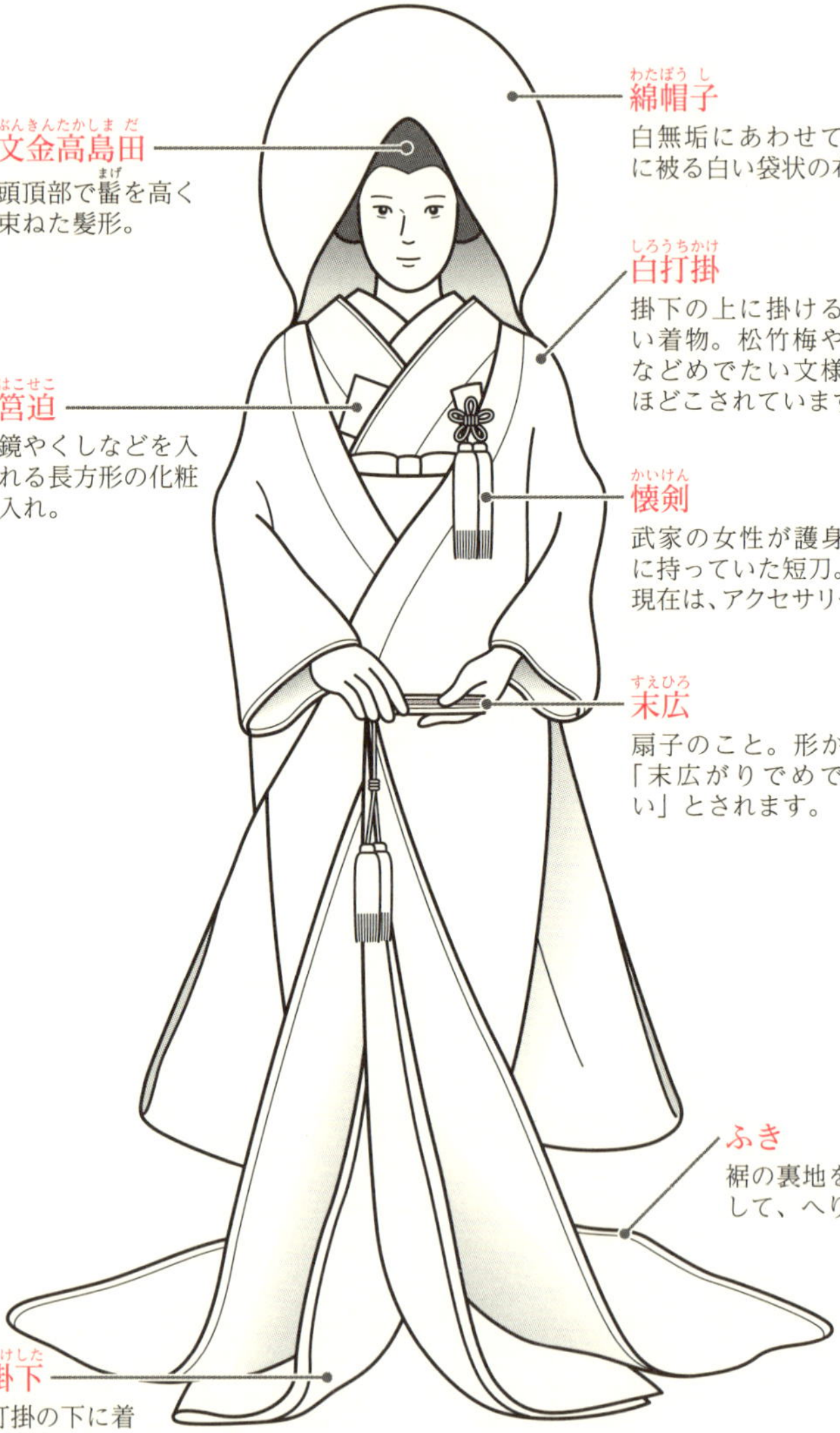
末広《すえひろ》
裾の裏地を表より少し出して、へりにしたもの。
打掛の下に着る振袖のこと。

〈色打掛《いろうちかけ》〉

文金高島田
頭頂部で髷を高く束ねた髪形。
笄《こうがい》
日本髪の髷にさす髪飾り。
角隠《つのかく》し
文金高島田の髪形につける帯状の布。
筥迫《はこせこ》
鏡やくしなどを入れる長方形の化粧入れ。
懐剣
武家の女性が護身用に持っていた短刀。現在は、アクセサリー。
色打掛
地色は赤、朱、藍、黒などで、吉祥文様を織り込んだ打掛。
末広
扇子のこと。形から「末広がりでめでたい」とされます。
ふき
裾の裏地を表より少し出して、へりにしたもの。
掛下
打掛の下に着る振袖のこと。

【結納品】──九品目

・**目録**
結納品の品目と数を明記したもの。

・**長熨斗**
長寿の象徴として、アワビを干して長くし、奉書に包んだもの。

・**金宝包**
結納金。男性側は「御帯料」、女性側は「御袴料」として贈る。

・**松魚節**
鰹節。勝男武士とも書き、男性の力強さを表す。

・**寿留女**
するめ。保存がきくことから、「幾久しく」との意味を込めている。

・**子生婦**
昆布。子孫繁栄の願いを込めている。

・**友白髪**
白い麻糸。友志良賀とも書き、「ともに白髪の生えるまで」の意味を込めている。

・**末広**
白無地の扇子。白扇は純潔、無垢を表す。また、「末広がり」のめでたさを込めている。

・**家内喜多留**
酒を入れる朱塗りの角樽《つのだる》。実際には酒肴《しゅこう》料としてお金を包む。

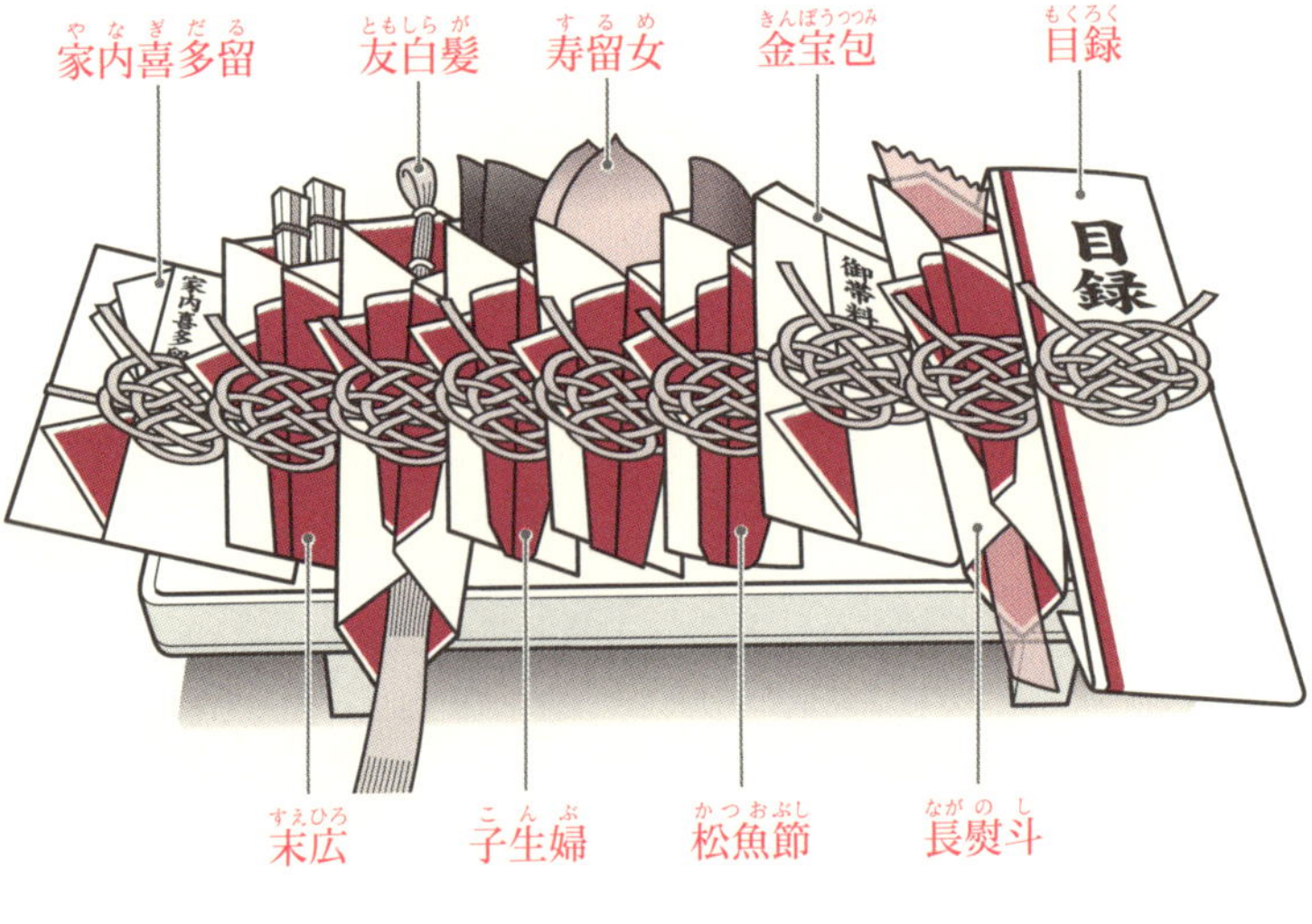

付録

「冠婚葬祭」の表書き一覧

●冠	▼表書き
帯祝い	御祝、御帯祝、帯掛御祝、戌（お返し＝内祝、着帯内祝、帯掛内祝）
出産	御祝、御出産祝、祝御安産（お返し＝子どもの名で、内祝、出産内祝）
お七夜	祝御七夜
お宮参り	祝御宮参り（神社へ＝初穂料、玉串料、御祈祷料）
お食い初め	祝御食初、御初膳御祝、御初膳料（お返し＝子どもの名で、内祝）
初節句	祝御初節句、初節句御祝、祝御初雛（桃の節句）、祝御初幟（端午の節句）（お返し＝子どもの名で、内祝、初節句内祝）
七五三	御祝、祝七五三（神社へ＝玉串料、御祈祷料　お返し＝子どもの名で、内祝）
入学／卒業／成人	御祝、祝御入学、御入学祝／御祝、祝御卒業／御祝、祝御成人
賀寿	寿、寿福、敬寿、万寿、長寿御祝、祝△寿（祝還暦、祝古稀、祝喜寿、祝傘寿、祝米寿、祝卒寿、祝白寿）（お返し＝寿、内祝、△寿内祝。名前に年齢をそえる）
開店・開業	御祝、祝御開店、祝御開業、祝御発展（お返し＝開店記念、記念品　従業員へ＝御祝儀、寸志）

● 婚	▼表書き
結納	仲人へのお礼＝御礼、寿（祝膳を省いたときに、ご酒肴料、御膳料。車代として、御車代）手伝いの人へ＝御祝儀
結婚	寿、御祝、祝御結婚、御慶、御結婚御祝（お返し＝夫婦連名で、内祝、寿）
結婚式	引き出物＝寿　宴会場のスタッフなどへ＝御祝儀、寿　神社へ＝初穂料　仏式では＝寿　教会へ＝献金（白封筒）
結婚記念日	御祝、寿、祝△婚式（祝銀婚式、祝金婚式など）（お返し＝夫婦連名で、内祝、△婚内祝）

● 葬	▼表書き（熨斗はつけません）
告別式（仏式）	御霊前、御香料、御香典（寺・僧侶へ＝御布施、御礼、ほかに御車代　お手伝いの人へ＝志、御礼　香典のお返し＝志、供養志、粗供養）
告別式（神式）	御霊前、玉串料、御榊料（神官へ＝御礼、御榊料、御祈祷料、御祭祀料、御神饌料　香典のお返し＝志、偲び草）
告別式（キリスト教）	御霊前、御花料、献花料、御ミサ料（神父・牧師へ＝御礼　教会へ＝献金　香典のお返し＝志、偲び草）
法要（仏式）	御仏前、御供物料、御香料（お返し＝志、粗供養、△△忌志）
法要（神式）	御神前、玉串料、御神饌料（お返し＝志、偲び草、△△日祭志）
法要（キリスト教）	御花料、御ミサ料（お返し＝志、偲び草）

●祭	▼表書き
年賀	御年賀、御年始、賀正、お年玉
中元	御中元（中元の時期に遅れたら＝暑中御見舞、残暑御見舞）
歳暮	御歳暮（歳暮の時期に遅れたら＝寒中御見舞）
お祭り（神社）	神社へ＝奉納、御寄進　祭り詰め所へ＝御祝儀、御寄付、金一封　神輿へ＝花代、御祝儀

◎参考文献

『絵で見る慶弔事典』三省堂編修所編、三省堂／『江戸の冠婚葬祭』中江克己著、潮出版社／『お江戸の結婚』菊地ひと美画・文、三省堂／『三三九度』神崎宣武著、岩波書店／『〔図説〕面白くてためになる！日本のしきたり』永田美穂監修、ＰＨＰ研究所／『日本人の数え方がわかる小事典』飯倉晴武著、ＰＨＰ研究所／『日本人のしきたり』飯倉晴武編著、青春出版社／『日本人 礼儀作法のしきたり』飯倉晴武監修、青春出版社／『日本の作法としきたり』近藤珠實著、ＰＨＰ研究所／『日本の風俗起源がよくわかる本』樋口清之著、大和書房／『歴史から生まれた日常語の由来辞典』武光誠著、東京堂出版／『和婚』飯田美代子著、芸文社　など

編著者紹介

ことば舎

国語辞典・古語辞典・漢和辞典の編纂に、長年従事してきた編集者杉山泰充が、7年前に興した書籍を中心とする企画・編集・制作プロダクション。日本語に関する単行本・新書・文庫をメインに絵本から学習参考書、辞典など、必要に応じて他のプロダクションと連携しながら、幅広い分野の書籍の企画・編集を手がける。

目からうろこ！ 本当の意味 いわれがわかる 冠婚葬祭のことば

2017年 1月20日 初版第1刷発行
2018年 7月15日 第2刷発行

編　著	ことば舎
編集協力	株式会社 ことば舎・有限会社 エディトピア
発行者	竹下晴信
発行所	株式会社 評論社 〒162-0815 東京都新宿区筑土八幡町2番21号 ☎ 03-3260-9401
イラスト	平松ひろし
装幀・DTP	株式会社 エスアンドピー
印刷・製本	中央精版印刷株式会社

ISBN 978-4-566-05179-9 C0081
乱丁・落丁本は本社にてお取り替えいたします。